Ernst Hribernig

Sind Männer das nutzlose Geschlecht?

Der Autor

Ernst Hribernig, geboren 1951 in Graz, hat mehrfach Beruf und Wohnort gewechselt und lebt heute in Bad Reichenhall.
Neben seiner schriftstellerischen Tätigkeit übt er auch den Beruf des Unternehmensberaters mit dem Schwerpunkt Vermittlung von Werkzeugen und Strategien im Umgang mit Menschen aus.

Sein erstes Buch wurde unter dem Titel
„Für die Gesundheit Ihres Geistes“
im Jahr 2001 veröffentlicht.
ISBN 3-8311-2263-6

Kontakt zum Autor können Sie aufnehmen über:
http://www.hribernig.de

Das Bild am Einband stammt von Rudi Göller, geboren 1950 in Pirmasens. Er ist heute in Salzburg als Künstler tätig und gerade wegen seiner gegensätzlichen Meinung über das Leben ein Freund des Autors.

Umschlaggestaltung: Gerald Auernigg
Herstellung: Books on Demand GmbH
Made in Germany
ISBN 3-8311-2791-3

Inhalt

Einleitung

Mit diesem Buch möchte ich unter keinen Umständen den Eindruck erwecken, dass ich persönlich gegen die Emanzipation der Frauen und ihrem Bestreben nach Gleichberechtigung bin.

- *Mit diesem Buch möchte ich vielmehr erreichen, dass die Problematik Emanzipation und Gleichberechtigung aus einer anderen Sicht betrachtet wird, als dies derzeit meist in öffentlichen Diskussionen geschieht!*

Klarstellen möchte ich, dass ich grundsätzlich für die Gleichberechtigung bin. Damit meine ich gleiche Rechte bei gleichen Pflichten und gleichen Leistungen.
Ich verstehe unter Gleichberechtigung weiters nicht nur die Gleichberechtigung zwischen den Geschlechtern, soweit dies überhaupt möglich ist, sondern auch zwischen unterschiedlichen Volksgruppen, Menschen unterschiedlicher Hautfarbe, unterschiedlicher Religionsgemeinschaften und was sonst noch alles Menschen voneinander unterscheidet.

- *Es ist für mich selbstverständlich, dass jemand für die gleiche Leistung den gleichen Lohn und für die gleichen Fähigkeiten die gleichen Chancen erhalten soll!*

Weiters soll über die Frage nachgedacht werden, wovon Frauen sich emanzipieren wollen, oder um es einfacher auszudrücken, befreien möchten.
Dieses Buch berücksichtigt keinerlei wissenschaftliche Aspekte, da auch diese nur subjektiv die Meinung der jeweiligen Wissenschaftler wiedergeben. Es wurde vielmehr so geschrieben, wie mir der Schnabel gewachsen ist, wie ich als Mann es empfinde, es selbst erlebt, beziehungsweise es mir gedacht habe.

- *Dabei höre ich sehr häufig auf meine Intuition und wundere mich manchmal sehr, was dabei alles so zu Tage kommt!*

Dieses Buch sollte Sie dazu anregen, unabhängig Ihres Geschlechtes und Ihrer sexuellen Neigungen über Ihr Leben und Ihre Beziehungen nachzudenken.
Vor allem aber sollte es auch aufzeigen, dass die so heftig diskutierte und umstrittene Gleichberechtigung und das Emanzipationsbestreben weder durch Gesetze noch durch irgendwelche Organisationen hergestellt oder verbessert werden können, wenn dabei nicht berücksichtigt wird, dass wir Menschen voll von Gefühlen sind, welche wir nur sehr selten, wenn überhaupt, beeinflussen können, da sie uns meistens gar nicht bewusst sind.
Meine männliche Sichtweise, so hoffe ich, wird für so manche Leserin das Verhalten ihres männlichen Partners etwas transparenter machen. Sie wird viel-

leicht zur Erkenntnis kommen, dass es anderen Frauen mit ihren Partnern gleich oder ähnlich geht wie ihr.
Weiters wünsche ich mir, dass so mancher männliche Leser die Erfahrung machen kann, nicht alleine zu sein mit seinen Problemen. Dass er durch dieses Buch erkennen kann, dass fast alle Männer im Umgang mit Frauen gleiche oder ähnliche Probleme haben wie er.
Weiters ist mir vollkommen bewusst, dass nichts auf dieser Welt ganz schwarz und nichts ganz weiß, nichts ganz männlich und nichts ganz weiblich ist. Daher in jeder Frau mehr oder weniger auch männliche Eigenschaften stecken und umgekehrt.

Wenn ich in diesem Buch von Männern und Frauen und ihren unterschiedlichen Eigenschaften und Fähigkeiten schreibe, meine ich daher nur den Durchschnittsmenschen und nicht die Übergangsformen zwischen den Geschlechtern.

Adam und Eva

Bereits in der Bibel ist zu lesen, dass Gott Adam und Eva erschaffen hat, diese beiden Geschöpfe die ersten Menschen waren, und das dass Ganze im Paradies geschehen ist.
Wie weiters aus der Bibel zu entnehmen ist, wohnten Eva und Adam auch eine Zeitlang in diesem Paradies. Da es dort zu dieser Zeit noch keine Eigentumswohnungen und Einfamilienhäuser gab, ist anzunehmen, dass beide mit einer Höhle vorlieb nehmen mussten, um sich vor schlechtem Wetter, der Kälte der Nacht und unliebsamen Tieren zu schützen.
In dieser Zeit im Paradies mussten die beiden, neben vielen anderen Dingen auch lernen, miteinander auszukommen. Sie hatten auch keine andere Wahl, da sie, wie allgemein bekannt sein dürfte, nur zu zweit im Paradies lebten.

- *Ein Partnertausch oder eine andere, heute bekannte Variante der Abwechslung wäre unmöglich gewesen.*

Es gab daher nur die Wahlmöglichkeiten miteinander oder gegeneinander und der Wunsch Gottes lautete eindeutig miteinander. Diesen Wunsch Gottes haben die beiden wohl oder übel auch befolgen müssen.
Festzuhalten wäre noch, dass es in der Bibel keinen Hinweis gibt, wie gerne die beiden zusammengelebt

haben, und ob sie öfter unterschiedlicher Meinung waren.
Um das Zusammenleben von Mann und Frau überhaupt zu ermöglichen und diesem einen Sinn zu geben hatte ihr Erfinder sie schon vom Anfang an körperlich gegensätzlich gestaltet und mit gegensätzlichen Fähigkeiten, Aufgaben und Pflichten ausgestattet.
Wie bei allem was Gott zuvor schon erschaffen hatte, und das war schließlich unsere gesamte Erde mit allem was darauf vorkommt, unterschieden sich auch Adam und Eva nur durch ihre absolute Gegensätzlichkeit.

- *Solche göttlichen Gegensätze stehen nicht in Widerspruch zueinander, sondern ergänzen sich prächtig wie Tag und Nacht, Sommer und Winter, und eben Mann und Frau.*

Diese gegensätzlichen, sich aber immer perfekt ergänzenden Erscheinungsformen, welche überall in der Natur vorkommen, haben den Sinn, ausgleichend zu wirken durch das Wahrnehmen genau dieser ergänzenden, gegensätzlichen Aufgaben und Verhaltensweisen.
Tag und Nacht, Sommer und Winter, heiß und kalt, hoch und tief, dick und dünn und diese Aufzählung könnte noch lange fortgesetzt werden, sind notwendige sich ergänzende Gegensätze.

- *Man könnte es so bezeichnen, dass alles was aus dem Labor Gottes kommt, zwei Seiten hat!*

Diese Aussage trifft auch auf alle unsere Gefühle zu wie zum Beispiel Liebe und Hass, Angst und Zuversicht, Freude und Trauer, Hingabe und Begehren.
Auf Grund dieser generellen gegensätzlichen, zweiseitigen Gestaltungsweise besteht alles auf dieser Erde aus einem Pärchen. Jede Hälfte eines Pärchens hat ein eigenes, naturgewolltes, oder wenn Sie wollen gottgewolltes Aufgabengebiet. Diese Aufgaben ergänzen sich und machen das Pärchen erst vollkommen.

- *Hinter dieser Gestaltungsweise steckt der sich ständig automatisch erneuernde dynamische Prozess des Lebens in Form einer permanenten Pendelbewegung zwischen den jeweiligen Pärchenhälften!*

Die Ruhe der Nacht gibt uns die Energie für den Tag und die verbrauchte Energie am Tag gibt uns die Ruhe für die Nacht.
Die Zuversicht kann vor einer plötzlich aufkommenden Angst zurückweichen und die Angst treibt uns dann an, etwas zu tun, etwas zu unternehmen. Mit diesem Tun kann die Zuversicht wieder zurückkehren und die Angst verschwindet wieder.

- *Manchmal, in bestimmten Situationen, sind wir Menschen in der Lage dieses ständige Hin und Her der Pendelbewegungen des Lebens wahrzunehmen.*

So wie alle Pärchenhälften gegensätzliche Aufgaben zu erfüllen haben, hat Gott auch Adam und Eva unterschiedliche, sich aber ergänzende Aufgaben zugeteilt. Er sah keinen Grund sein altbewährtes Konzept zu ändern und damit das Risiko einzugehen, einen Fehler zu machen.

- *Was für Tag und Nacht, Sommer und Winter, Angst und Zuversicht gut genug ist und funktioniert, musste auch für die Menschen reichen!*

Im Paradies waren alle Tagesprobleme auch noch sehr einfach zu bewerkstelligen, denn schließlich stand alles noch unter der Aufsicht Gottes.
Da sich aber dieser Zustand ändern musste, die Menschen sollten ja die Erde und nicht das Paradies bevölkern, so war es von Anfang an geplant, bekam unser menschliches Pärchen noch eine spezielle Fähigkeit mit auf den Weg.

- *Mit dem Auszug aus dem Paradies bekamen Eva und Adam eine Lernfähigkeit in einem Ausmaß mitgegeben, wie sie sonst kein Lebewesen auf diesem Planeten besitzt!*

Diese Lernfähigkeit sollte ihnen, auf der Erde angekommen, die Möglichkeiten auftun, sich die Welt untertan zu machen.
Ohne auf die näheren Umstände eingehen zu wollen warum der Plan Gottes die Entlassung auf die Erde beinhaltet hat, mussten oder durften Adam und Eva eines Tages das Paradies verlassen.
Sie nahmen bei diesem Umzug, der erste der jemals auf dieser Welt stattgefunden hatte, natürlich nicht nur ihre gesamten, gesammelten Erfahrungen, sondern auch ihren, wenn auch noch spärlichen Hausrat mit.
Da es auf der Erde zu dieser Zeit noch keine Mietwohnungen gab, lag es auf der Hand wieder in eine Höhle zu ziehen um sich dort dem Wunsche Gottes entsprechend zu vermehren. So steht es zumindest im Alten Testament.

- *Seid fruchtbar und mehret euch und füllet die Erde und macht sie euch untertan.*

Wenn man diese Zeilen aus dem Alten Testament liest, muss man sich zwangsläufig eingestehen, dass nichts von einer Überbevölkerung der Erde zu lesen ist, und auch nichts von deren Zerstörung und Vernichtung.

Es geht daraus auch nicht hervor, dass wirtschaftliches Wachstum Vorrang vor dem Schutz unserer Umwelt hat, auch dann nicht, wenn ein US- Präsident meint es so festlegen zu müssen!

Unsere Vorfahren wohnten in Höhlen

Eva und Adam suchten sich also auf der Erde angekommen eine passende Höhle um dem Wunsch Gottes, welcher sich sehr stark in Form von Bedürfnissen äußerte, gerecht zu werden.
Die erste Höhle auf Erden haben Eva und Adam gemeinsam ausgesucht. Eva bestimmte dann, was als Einrichtung noch zu beschaffen sei, indem sie Adam mit einem strahlenden, verheißungsvollen Lächeln mitteilte, was sie noch gerne hätte.

- *Adams Herz schmolz angesichts dieser Verheißung und er tat alles, was Evas Herz begehrte!*

Erst nachdem alle ihre Wünsche erfüllt waren, ließ Eva sich darauf ein das zu tun, was erforderlich war, den Wunsch Gottes betreffend der Vermehrung zu erfüllen.
Bis zur Geburt ihres ersten Sohnes gingen beide, wie bereits im Paradies, auf die Suche nach Nahrung. Diese Tätigkeit war auch auf der Erde sehr einfach für sie, da sie in einem Land lebten in dem auf Grund der gleichmäßigen sommerlichen Temperaturen immer Früchte wuchsen.
Man könnte daher die Nahrungssuche eher als gemeinsam durchgeführte Ausflüge bezeichnen die wirklich Spaß machen hätten können, wenn da nicht noch wilde Tiere gewesen wären. So aber war jeder

Ausflug mit einem Risiko verbunden und das Überleben hing davon ab, wie schnell man laufen und auf Bäume klettern konnte. Manchmal reichte es auch aus, wenn man sich nur sehr leise irgendwo versteckte.
Nach der Geburt ihres ersten Sohnes stellten Eva und Adam sehr rasch fest, dass es zu gefährlich war mit dem Kind, von dem sie nicht sagen konnte, wann es zu weinen anfing, auf Nahrungssuche zu gehen.

- *Sie trauten sich mit ihrem Sohn wegen der Löwen nicht sehr weit von der Höhle wegzugehen.*

Eva blieb also wegen der Ernährung des Kindes mit Muttermilch in der Höhle oder in der näheren Umgebung, wenn Adam frische Früchte und Beeren besorgte.
Anfangs fühlte sich Adam schon sehr einsam auf seinen Streifzügen durch den Urwald, wenn er auf der Suche nach Nahrung war. Eva fehlte ihm nicht nur der Hilfe wegen, sie konnte besonders flink und geschickt Beeren einsammeln, sondern auch der Kommunikation wegen.
Adam konnte auf einmal seine Eindrücke, Ängste und Befürchtungen mit niemandem teilen während er unterwegs war. Wenn er dann mit Früchten beladen nach Hause in die Höhle zurückkehrte, erzählte Eva ihm sofort von ihren Erlebnissen mit ihrem Sohn.

Sie berichtete voller Freude und Stolz über die Fortschritte, welche er schon wieder gemacht hatte.

- *Adams Befürchtungen und Probleme wurden damit unwichtig und er lernte sie alleine, ohne Unterstützung und ohne die Meinung von Eva gehört zu haben, zu lösen!*

Er wollte angesichts seines Sohnes auch nicht, dass Eva sich Sorgen machte. Er vermied daher immer öfter von seinen Abenteuern in der Wildnis zu erzählen.
Eva beschäftigte sich den ganzen Tag mit dem Kind und begann sehr bald ihm das Sprechen und das Laufen beizubringen. So war sie ständig abgelenkt und Adam fehlte ihr nicht so sehr.
Wenn Adam aber zu lange wegblieb, bekam Eva jedes Mal Angst, dass ihm etwas zugestoßen sei. Sie begann sich auszumalen und vorzustellen, was mit ihr und den Kindern sein würde, da ein zweites bereits unterwegs war, wenn er eines Tages nicht mehr nach Hause käme.

- *Eva lernt sich Sorgen zu machen und das ist uns Menschen bis heute geblieben!*

Und so vergingen die Jahre und die Zahl der Kinder stieg. Das Verantwortungsgefühl, welches Adam immer schon besessen hatte, verstärkte sich mit jedem Kind, und er fühlte sich in zunehmendem Maße für das Glück seiner Familie voll verantwortlich.

Natürlich hatte Eva ihn irgendwann einmal gesagt, dass sie sich große Sorgen macht, wenn er zu lange weg blieb. Es war Adam durch diese Äußerung erst so richtig bewusst geworden, wie abhängig seine Familie von ihm und seinem Gesunden nach Hause kommen war. Schließlich gab es zu dieser Zeit noch keine Hinterbliebenenrente.
In gleicher Weise lernte Eva darauf zu vertrauen, dass Adam wieder nach Hause kommen würde und zeigte ihm dann auch, wie sehr sie seinen Fähigkeiten vertraute und vor allem wie sehr sie ihn als Beschützer und Ernährer brauchte.

Schließlich hätte Adam sich ja auch eine andere Höhle suchen, und sie und die Kinder verlassen können. Er hätte dann wesentlich weniger Arbeit bei der Nahrungsbeschaffung gehabt.

Ein paar tausend Jahre später

Eva und Adam hatten sich dem Wunsch Gottes entsprechend vermehrt und ihre Nachkommen hatten begonnen sich auf unserer Welt auszubreiten. Dadurch entfernten sie sich immer mehr von ihrer ursprünglichen Heimat. Durch ihre ausgedehnten Wanderungen verloren sie den Kontakt zu ihrem Geburtsort und schließlich auch zu ihren Vorfahren.

- *So entstanden im Laufe der Zeit die unterschiedlichsten Rassen und Volksgruppen.*

Es entstanden klimabedingt die unterschiedlichen Hautfarben und das unterschiedliche Aussehen der Menschen, denn sie mussten sich ihrer Umgebung, der Witterung und dem Nahrungsangebot anpassen. Weiter mussten sie lernen mit neuen Feinden umzugehen.

- *Die Menschen lebten daher damals mit ziemlicher Sicherheit in Familienverbänden die nie so groß wurden, dass nicht jeder jeden kannte.*

Durch dieses gegenseitige Kennen war ein hohes Maß an gegenseitiger Unterstützung und Hilfe gewährleistet. Diese überschaubaren Gruppen hatten auch den Vorteil, sich leichter ernähren zu können da sie an ihrem jeweiligen Aufenthaltsort nicht so viel Nahrung finden oder erjagen mussten.

Ungekehrt aber waren die Gruppen groß genug, um sich vor Feinden schützen zu können.

Die in südlichen Regionen gebliebenen Menschen konnten sich ständig von Früchten ernähren und brauchten keine Reserven anzulegen. Sie kamen nie in die Situation über ihre Ernährung nachdenken zu müssen, da ihnen diese nicht ausging und sehr vielfältig war.
Sie führten ein beschauliches geruhsames Leben. Allerdings machten ihnen die Hitze des Tages und die Löwen zu schaffen. Mit den Löwen lernten sie umgehen und gegen die hohe Sonneneinstrahlung schützten sie sich durch ihre dunkle Hautfarbe, welche ihnen bis heute geblieben ist.

- *Wenn die Wiege der Menschheit in Afrika liegt, wie die Wissenschaft behauptet, dann waren Adam und Eva ebenfalls braune oder sogar schwarze Menschen!*

Dann sind ihre Nachkommen, welche nach Norden ausgewandert sind immer blasser geworden, weil es auf Grund der geringeren Sonneneinstrahlung nicht mehr notwendig war, braun zu sein. Diese Tatsache scheinen heute viele Menschen zu bedauern und versuchen mit Solarienbesuchen wieder einen Ausgleich herzustellen.

Je weiter also die Menschen im Laufe der Jahrtausende nach Norden vordrangen und die Winter damit kälter wurden, um so spärlicher wurden in der kalten Jahreszeit die Früchte.

- *Die Menschen kamen in die Situation, sich auch nach anderen Nahrungsmitteln umsehen zu müssen.*

Da es damals keine Alternative wie zum Beispiel Tiefkühlkost gab, begannen sie Fleisch zu essen. Fleisch war im Gegensatz zu Früchten und anderen Pflanzen immer frisch da, nicht jahreszeitabhängig, dafür aber nur schwer und mit großem Risiko zu beschaffen.

- *Die Menschen entwickelten sich daher von Sammlern zu Jägern, blieben aber weiterhin selbst Gejagte als Beute diverser Raubtiere.*

Die Aufgabe der Jagd wurde immer von den Männern übernommen, da sie kräftiger gebaut waren als die Frauen und diese während und nach der Schwangerschaft sowieso nicht in der Lage dazu gewesen wären.
Auch die Risikobereitschaft der Männer war weitaus höher als die der Frauen. Daher waren Männer immer schon besser geeignet als Jäger zu fungieren.

Liebe LeserIn, versuchen Sie sich ab jetzt in das Höhlenleben unserer Vorfahren hineinzudenken und hineinzufühlen
Sie sollten die Vögel zwitschern hören, das wärmende Feuers spüren und den Duft von gebratenem Fleisch riechen. Weiters sollten Sie das Lachen und das Weinen der Kinder hören.
Sie sollten auch die Ängste verspüren, welche diese Menschen ausgesetzt waren, wenn Raubtiere vor ihrer Höhle auftauchten oder sie diesen auf der Nahrungssuche begegneten.
Versuchen Sie auch die Gefühle nachzuempfinden, welche die Frauen in den Höhlen empfunden haben, wenn ihre Männer einmal länger als üblich nicht von der Jagd zurückkehrten.

Das Leben in der Höhle

Wie sich das Leben in einer Höhle wirklich abgespielt hat, welche freudigen Ereignisse und welche Dramen dort täglich geschehen sind, vor allem welche Gefühle diese Menschen entwickelt haben kann nur auf Vermutungen beruhen, denn niemand von uns war wirklich dabei.
Ich möchte bei meiner Schilderung nicht auf einzelne Details oder spezielle Errungenschaften und Fähigkeiten eingehen. Es scheint mir nicht besonders wichtig zu sein, zu wissen, welche Jagdwaffen wann verwendet wurden, und wie damals Feuer gemacht wurde.

- *Wesentlich wichtiger scheint mir zu sein, darüber nachzudenken, welche Gefühle und Überlebensstrategien damals entstanden sind. Was die Menschen damals in bestimmten Situationen empfunden haben, und was von diesen Gefühlen und Bedürfnissen bis heute noch in uns vorhanden ist!*

Die Männer entwickelten im Laufe der Jahre bedingt durch den damals schon vorhandenen, unwiderstehlichen Drang nach Fortschritt, immer bessere Jagdwaffen und Jagdtechniken um ihre Familien und sich selbst am Leben zu erhalten.
Sie wussten, dass die Überlebenschance ihrer Sippe von ihrem Jagderfolg abhängig war und unternahmen alles um ihre Erfolge noch zu steigern.

Da die Jagd absolut lebensgefährlich für jeden einzelnen Jäger war, bedurfte es eines großen Mutes, sich in das Kampfgetümmel zu stürzen. Neben der hohen Risikobereitschaft dürfte es vor allem der Mut der Verzweiflung gewesen sein, entstanden aus dem Bedürfnis zu überleben, der die Männer zu derartig gefährlichen Taten veranlasste.

- *Die langjährigen Erfahrungen zeigten ihnen trotz regelmäßigen Verlusten und schweren Verletzungen bei der Jagd, dass sie in dieser feindlichen Welt durchaus überlebensfähig waren und sich von Fleisch ernähren konnten.*

Dieses Wissen und diese Gefühle wurde von Generation zu Generation weitergegeben und die Jagdtechnik verfeinert. Die Jagd blieb aber trotz fortschreitender Technik und Erfahrung ein gefährliches Abenteuer für die Menschen, da auch ihre Beutetiere dazulernten. Die Beutetiere hatten gelernt den Menschen als Feind zu betrachten und bei seiner Annäherung sofort zu fliehen oder sich zu stellen und zu kämpfen.
Die Jagd war daher nur etwas für körperlich gesunde und kräftige Männer, denn es wurde überwiegend in Gruppen gejagt um überhaupt erfolgreich zu sein.

- *Damals dürfte sich bereits in den Köpfen der Menschen das Bild eingeprägt haben, dass brauchbare Männer vor allem körperlich stark und gesund sein müssen!*

Da jede Gruppe nur so stark und erfolgreich wie ihr schwächstes Glied war, schien es damals schon so gewesen zu sein, dass kranke, verletzte und zu altersschwache Männer nicht auf die Jagd mitgenommen wurden.
Sie wurden damit ab einem bestimmten Zeitpunkt für die Allgemeinheit nutzlos, da sie sich im Gegensatz zu ihren Frauen mangels Erfahrung auch nicht an der Hausarbeit beteiligen konnten. Dies dürfte auch der Grund für die geringere Lebenserwartung der Männer sein.

Besonders problematisch wurde die Jagd im Winter bei entsprechender Schneemenge, da den Jägern Kälte und Nässe zu schaffen machten und ein Vorwärtskommen oft sehr schwierig war.

- *In der kalten Jahreszeit war es besonders wichtig Fleisch zu haben, da es keine Früchte gab!*

So machten sich die Männer einer Höhlengemeinschaft, wir würden sie heute als Großfamilie bezeichnen, noch bevor der Fleischvorrat zu Ende ging auf, um neues Wild zu erjagen.
Im Morgengrauen verließen sie die Höhle und stapften schweigend im Gänsemarsch durch den knietie-

fen Schnee ins Tal hinab, denn dorthin hatte sich das Wild zurückgezogen.
Sie waren schweigend unterwegs, da sie eventuell, sich in der Nähe befindliche Raubtiere nicht auf sich aufmerksam machen, und ihre Beutetiere nicht vorzeitig vertreiben wollten. Vielleicht sprachen sie auch aus Angst nicht, oder hatten sich angesichts der bevorstehenden Gefahren einfach nichts zu sagen.

- *Sie hatten also viel Zeit, ihren Gedanken nachzuhängen, über ihr Leben und all ihre Probleme nachzudenken und Lösungen zu suchen!*

Im Tal unten angekommen, wo wesentlich weniger Schnee lag, entdeckten sie auch bald eine Herde Wildschweine. Jetzt galt es, ohne zu sprechen und zu diskutieren, zu handeln.
Die unzähligen Jagdabenteuer, welche sie schon gemeinsam bestanden hatten, machten aus ihnen ein perfekt eingespieltes Team.
Ein paar Handzeichen vom Anführer der Gruppe und die Männer begannen die Wildschweine einzukreisen. Jeder wusste was er zu tun hatte und jeder war bestrebt besonders erfolgreich zu sein. Vor allem aber konnte sich im Augenblick der Gefahr jeder auf jeden verlassen.

Während also die Männer die Wildschweine umzingelten und möglichst viele zu töten versuchten ohne dabei selbst verletzt oder getötet zu werden, saßen die Frauen in der Höhle ums wärmende und lichtspendende Feuer, und nähten aus den Fellen der letzten Beute neue Kleidungsstücke.
So nebenbei beobachteten und erzogen sie ihre kleinen Kinder und unterhielten sich über alle möglichen Ereignisse der letzten Tage.

- *Sie sprachen wahrscheinlich von ihren Ängsten und Sorgen, die sie sich um ihre auf der Jagd befindlichen Männer machten.*

In diesen Gesprächen entstanden dann möglicherweise aus der Angst eine Zuversicht und eine Hoffnung, dass wieder einmal, wie schon so oft, alles gut gehen wird, und ihre Männer gesund und mit viel Beute nach Hause kommen werden.

- *Sie sprachen manchmal vielleicht auch nur um sich mitzuteilen, die Stille zu übertönen oder eine Nähe zu den anderen Frauen herzustellen.*

So brachten sie nebenbei auch noch den größeren Töchtern, die ständig mitarbeiten mussten bei, was eine Frau zu tun hat, wenn sie eines Tages erwachsen ist. Die Töchter erfuhren in diesem Zusammenhang auch, was ihnen bevorsteht, wenn vielleicht eines Tages der richtige Mann für sie kommt.

Die fast erwachsenen Söhne, die noch nicht auf die Jagd mitgehen durften, wurden von den alten, aber sonst noch fitten Männern, welche zu Hause geblieben waren unterwiesen, wie man sich bei der Jagd zu verhalten hat, und wie Jagdwaffen hergestellt wurden.
Im kommenden Frühjahr würden sie beginnen unter Aufsicht und Anleitung von erfahrenen Jägern die ersten Beutetiere selbst zu jagen.

- *Jeder Junge war bestrebt ein erfolgreicher Jäger zu werden, denn der Jagderfolg des Mannes wurde durch seine Trophäen sichtbar und jeder wollte möglichst viele Trophäen sein eigen nennen.*

Die Klauen der Bären und die Zähne der Wildschweine zeigten, als Kette zusammengebunden, und um den Hals getragen an, wie erfolgreich ein Mann als Jäger war. Je mehr Jagderfolge ein Mann hatte, um so mehr Ansehen genoss er in seiner Sippe.
Mit diesem steigenden Ansehen bekam er einen immer besseren Schlafplatz in der Höhle und sein Anteil an der Jagdbeute wurde immer größer.

- *Erfolg brachte damals schon Ansehen, Anerkennung und damit auch ein besseres Leben!*

Dies wussten auch die Frauen, und sie wissen es auch heute noch. So suchen sie sich heute wie damals einen möglichst erfolgreichen Mann, um dadurch selbst ein besseres Leben zu haben.

So recht und schlecht verbrachten sie also die Winterzeit und warteten sehnsüchtig auf die warmen Sonnenstrahlen.
Die Frauen freuten sich aufs Früchte- und Wurzelsammeln. Erst wenn der Schnee geschmolzen war konnten sie mit ihren Kindern für längere Zeit die Höhle verlassen und sich auch bei der Nahrungsbeschaffung nützlich machen.
Die jungen Männer konnten es kaum erwarten endlich ihre Jagdtheorien in die Praxis umzusetzen. Ein unwiderstehlicher Drang zwang sie dazu die ersten Jagderfolge zu verzeichnen, sich mit den Zähnen und den Klauen ihrer Beutetiere zu schmücken, um damit ihre Männlichkeit zu beweisen.

- *Die jungen Frauen hofften, dass vielleicht mit dem Frühling auch der sehnsüchtig erwartete Mann kam.*

Sie hatten es schon einige Male voller Aufregung miterlebt, dass eines Tages ein fremder, gutaussehender Mann gekommen war und ihre ältere Schwester oder Freundin mitgenommen hatte.
Sie wussten auch von den Erzählungen der Frauen, was dann in etwa auf sie zukommen würde und eine

ungeheure Sehnsucht nach einem nur andeutungsweise bekannten Ereignis breitete sich in ihren Herzen aus.
Und dann war der Frühling da, und mit seinem Kommen begann das Leben wieder zu erwachen. Die jungen Männer konnten endlich auf die Jagd gehen und zum ersten Mal ihr Glück versuchen.
Die jungen Frauen schmückten sich mit den ersten Blüten und warteten mit Herzklopfen darauf, während sie die ersten essbaren Pflanzen und Wurzeln suchten, dass er endlich kommt, der Mann, der sie mitnimmt.

Zur selben Zeit machten sich auch die jungen Männer welche noch keine Frau hatten, aber schon in der Jagd erfahren waren auf, um eine andere Höhle mit einer anderen Sippe zu finden um dort nach einer geeigneten Partnerin Ausschau zu halten. Auch sie wurden von einem unwiderstehlichen Drang getrieben.
Fanden sie eine bewohnte Höhle wurde meist sehr heimlich nach einer geeigneten Frau Ausschau gehalten.

- *Sie beobachteten dann die Auserwählte ihres Herzens so lange heimlich, bis sie endlich den Mut fanden sich dieser Frau zu nähern.*

Und so standen sie dann eines Tages mit all ihren Trophäen geschmückt und mit ihren Jagdwaffen in ihren geballten Fäusten inmitten einer ihnen fremden Sippe. Sie waren von Angst erfüllt, nicht gut genug zu sein, und daher die Frau ihrer Sehnsüchte nicht zu bekommen und daher auch nicht mit nach Hause nehmen zu können.

- *Löwen und andere Tierarten kämpfen mit ihren Konkurrenten um die Weibchen und zeigen dadurch ihren Mut, ihre Kraft, ihre Ausdauer und erbringen damit auch die Beweise für die Qualität ihrer Gene.*

Die jungen Männer aber hatten keinen sichtbaren Gegner mit dem sie um die Frau ihres Herzens hätten kämpfen können. So blieb ihnen nichts als die große Ungewissheit und der Zweifel, ob sie ihr Ziel auch erreichen werden.

- *Es war für einen mutigen, erfolgreichen Jäger ein großer Unterschied ob er um etwas kämpfen konnte oder von unbekannten Gefühlen abhängig war, welche bestimmten ob er sein Ziel erreichen würde oder nicht!*

Außer den sichtbaren Qualitätszeichen von Bärenkrallen, Jagdwaffen und Kampfesnarben, gab es damals bereits weitere Auswahlkriterien, welche die jungen Frauen in ihre Überlegungen miteinbezogen, ob sie einem Mann in seine Höhle folgten oder nicht. Von diesen Auswahlkriterien hatten die jungen Männer damals aber keine Ahnung, und bis heute hat sich daran nichts geändert.

So bekam ein unbedeutender Jäger mit wenigen Bärenkrallen und Wildschweinzähnen eine wunderschöne Frau und zog mit ihr glücklich in die Höhle seiner Großfamilie ein, während ein absolut erfolgreicher Jäger ohne Frau zurückkehren musste.

- *Die Männer seiner Sippe und er selbst begriffen dieses für sie sonderbare Verhalten der Frauen nicht.*

Die Frauen der eigenen und der anderen Sippe kannten die Gründe dafür, hüten diese aber als eines der weiblichen Geheimnisse bis heute.

Es könnte aber auch völlig anders gewesen sein. Der junge Jäger, der das Bedürfnis nach einer Frau verspürte, ist einfach losgegangen, hat sich die Höhle einer anderen Sippe gesucht, und im passenden Augenblick eine alleinstehende Frau einfach mitgenommen.
Er hat diese ihm vollkommen fremde Frau einfach entführt, wobei anzunehmen ist, dass diese Frau zwar angsterfüllt, aber trotzdem mehr oder weniger freiwillig mitgegangen ist. Schließlich hatten sie ja auch lange genug darauf gewartet, dass endlich ein Mann kommen würde um sie mitzunehmen.

- *Entführt zu werden bedeutete für die Frauen zwar einer ungewissen Zukunft entgegenzugehen, war aber gleichzeitig auch der Be-*

weis für sie, begehrenswert zu sein. War also die Erfüllung ihrer Sehnsüchte und Träume.

Frauen die nicht entführt wurden waren dem Anschein nach nicht so begehrenswert für die Jäger und blieben daher ohne Mann. Sie wurden mit zunehmendem Alter immer unausstehlicher, weil ihre Gedanken nur mehr um das eine Thema (Mann) kreisten.

- *Die jungen Männer haben bei ihrem Handeln vielleicht auch nur an das „**Eine**" gedacht und sich nicht um die Gefühle der Frauen gekümmert.*

Die Gefühle waren damals vielleicht auch nur auf das „**Eine**" ausgerichtet und die heutige, gegenseitige Empfindung, die wir Liebe nennen, hat sich erst im Laufe der Zeit entwickelt.

Eine weitere Möglichkeit könnte sein, dass die jungen Männer immer wieder mit Geschenken in Form von erbeuteten Tieren zu ihren Auserwählten gekommen sind.
Mit dieser Art der Werbung bewiesen die Männer, wie sehr sie an einer Frau Gefallen gefunden hatten und dass sie in der Lage waren, die Frau auch ständig mit Nahrung zu versorgen.

- *Die Frauen haben dann auf Grund der Geschenke entschieden, welchem Mann sie in seine Höhle folgt!*

Diese Variante könnte auch der Grund dafür sein, warum heute noch Frauen von Männern ständig Geschenke erwarten und sich überall einladen lassen, auch wenn sie in der Zwischenzeit selbst genügend Geld verdienen.

Die Heimkehr eines jungen Mannes mit einer fremden Frau war jedes Mal, unabhängig wie er dazu gekommen ist, ein aufregendes Ereignis besonderer Art.
Alle wollten von der neuen Mitbewohnerin so viel wie möglich erfahren. Jeder war bestrebt die Lebenserfahrungen und das Wissen der anderen Sippe kennen zu lernen um daraus selbst einen Nutzen ziehen zu können.

- *So verbreiteten sich das Wissen und die Erfahrung der einzelnen Gruppen und es entstanden gleiche Verhaltensweisen in unterschiedlichen Sippen innerhalb einer Region.*

Daher gibt es auch heute noch überall auf der Welt Regionen, in denen die Menschen völlig gleiche Verhaltensweisen, einen eigenen Dialekt haben und nur über einen Berg drüber ist alles anders.

Ein wichtiges Ereignis war auch immer, so denke ich es mir zumindest, die Geburt eines Kindes. Dieses Ereignis wurde jedes Mal gefeiert, wenn es ein Sohn war.

- *Die Freude über jeden männlichen Nachwuchs war deswegen so groß, weil damit das Überleben und der Fortbestand der Sippe gesichert war!*

Aus den Söhnen wurden schließlich eines Tages Jäger und diese waren dann die Altersvorsorge für ihre Eltern, wenn diese selbst nicht mehr ihre Nahrung beschaffen konnten.
Die jungen Männer würden früher oder später auch eine Frau in die Sippe bringen und sie damit um eine Arbeitskraft erweitern und für die Weitergabe der eigenen Gene sorgen.

- *Töchter waren nicht so wichtig und nicht so viel wert wie männliche Nachkommen und wurden von ihren Vätern eher ignoriert!*

Zumindest wurde keine Feier veranstaltet. Schließlich mussten Töchter ernährt werden, wo sie doch eines Tages, gerade wenn sie nützliche Arbeitskräfte wurden, die Sippe wegen eines Mannes verlassen würden!

Von der Höhle zum Eigenheim

So wie jede Lebensform, jede Spezies, entwickelte auch der Mensch im Laufe seines Daseins eine Anzahl von Verhaltensweisen die es ihm ermöglichen sollten, den Kampf ums Überleben zu gewinnen.

- *Diese Verhaltensweisen wurde so lange angepasst, bis sie für die jeweiligen Lebensbedingungen, beeinflusst durch den Lebensraum, optimal waren.*

Wurde durch irgendein Ereignis ein Teil der Menschheit an einen anderen Ort dieser Welt verschlagen, mussten dort die ursprünglichen Verhaltensweisen verändert werden.
Die Notwendigkeit die Nahrungsart zu wechseln, sich an ein anderes Klima anzupassen, von anderen Feinden umgeben zu sein, veränderte die Verhaltensweisen der Betroffenen manchmal vollständig.

- *Manche Entwicklungen waren so gravierend, dass auf den ersten Blick sehr wenig Gemeinsamkeit mehr mit dem Rest der Menschheit zu bestehen schien!*

Neben dem Ernährungsverhalten wurden auch die Gefühle und unterschiedliche Verhaltensweisen des täglichen Lebens mit angepasst. Für lebensbedrohende Gefahr, für die Paarung und für die Aufzucht des Nachwuchses wurden ebenfalls neue Verhaltensweisen entwickelt, um nur einige Beispiele aufzuzeigen.

- *Die Verhaltensweisen einer Spezies zusammengefasst möchte ich als Überlebensstrategie bezeichnen, welche einzig und alleine entscheidend ist für den Fortbestand dieser Lebensform!*

Diese Anpassungsfähigkeit besitzen nicht nur wir Menschen, sondern auch alle Tier- und Pflanzenarten.
Wie wir wissen, haben manche Lebensformen auf Grund falscher Strategien die Jahrtausende nicht überlebt. Manche Reptilienarten dagegen leben heute noch genauso, als hätte es nie eine Zeit für sie gegeben.

- *Wie alle Lebewesen haben auch wir Menschen im Laufe unserer geschichtlichen Entwicklung unsere speziellen, von unserem Lebensbereich abhängigen Überlebensstrategie entwickelt.*

Diese in unserem Gehirn unauslöschlich fixierte Überlebensstrategie unterscheidet sich von einer Kultur zur anderen, und von einem Volk zum anderen sowohl im sichtbaren wie auch im emotionalen Bereich.

- *Man kann durchaus sagen, dass es Unterschiede zwischen uns Menschen gibt, die beträchtlich und auch offensichtlich sind.*

Südländer haben nicht nur eine dunklere Hautfarbe als wir Nordländer, sie haben auch eine andere Mentalität. Das hat damit zu tun, dass sie jahrtausendelang andere Umweltbedingungen zum Leben vorfanden und daher auch andere Verhaltensweisen zum Überleben anwenden mussten.
Es gibt heute noch Volksgruppen in Afrika und Südamerika die kein oder fast kein Fleisch essen, sich keine Vorräte anlegen, keinen Kühlschrank besitzen, und von der Hand in den Mund leben, wie wir Europäer zu sagen pflegen.
Sie haben es durch die gleichmäßig hohen Temperaturen nie nötig gehabt über eine Bevorratung von Gütern nachzudenken. Sie sehen auch heute noch keinen Sinn darin, denn die Lebensmittel gehen ihnen auch ohne Kühlschrank nicht aus.

- *Diese Lebensweise scheint für einen Europäer auf Grund seiner Vergangenheit nicht möglich zu sein!*

Für künftige Zeiten vorzusorgen in jeglicher Art und Weise ist ein Bestandteil unseres Lebens, da dies bereits in unserer Höhlenzeit erforderlich war, denn im Winter war es notwendig, entsprechende Kleidung, getrocknete Früchte und Wurzeln zu haben.

Auch später als wir zu Ackerbauern und Viehzüchtern wurden, mussten wir an die Winterzeit denken, Saatgut aufbewahren und uns Lösungen einfallen lassen, wie wir unser Vieh über diese Zeit bringen konnten.

- *So haben sich klimabedingt völlig unterschiedliche Verhaltens- und Denkweisen und damit Überlebensstrategien gebildet.*

Diese unterschiedlichen Überlebensstrategien und die damit jeweils verbundenen Gefühle haben sich, da sie über viele Jahrtausende als richtig erkannt und bestätigt wurden, in den Gehirnen der Menschen unauslöschlich eingebrannt.
Sie werden heute in der Kindererziehung, in kulturellen und kirchlichen Handlungen für jeden interessierten Beobachter sichtbar zum Ausdruck gebracht.

- *Die in jedem Menschen verankerte Überlebensstrategie gibt bis zu einem gewissen Grad die Richtung seines Lebensweges vor!*

Viele unserer, von Generation zu Generation weitergegebenen Sitten und Bräuche sind daher der am deutlichsten erkennbare, begreifbare Teil unserer ureigensten Überlebensstrategie. Sie sind auch mitbestimmend, wohin der Weg eines Kulturkreises führt.
Diese erkennbaren Teile unserer Überlebensstrategie sind aber nur die Spitze des berühmten Eisber-

ges. Der größere Teil äußert sich in Gefühlen und Bedürfnissen und ist für uns daher nur schwer erkennbar und als Überlebensstrategie zuordenbar. Die Sammel- und Besitzleidenschaft der weißen Rasse, welche im krassen Gegensatz zur Lebenseinstellung unseren dunkelhäutigen Mitbewohner steht, könnte ein Beispiel dafür sein.

- *Wir meinen immer noch, gesteuert von unserem Unterbewusstsein, wie unsere Vorfahren für den Winter Reserven anlegen zu müssen!*

Verändert haben sich allem Anschein nach seit der Steinzeit nur die zu sammelnden Gegenstände, nicht aber unser Sicherheitsbedürfnis, welches uns zu diesem Sammelverhalten antreibt.

Wenn Menschen sich heute auf andere Kontinente, in andere Klimazonen begeben, ändern sie deswegen nicht ihre Überlebensstrategie. Sie tun sich dann meist auch entsprechend schwer, Verständnis für die jeweiligen Bewohner aufzubringen und sich selbst den dortigen Gegebenheiten anzupassen. Ob diese Vorgangsweise gott- oder naturgewollt ist, dürfen Sie selbst entscheiden. Tatsache ist, dass mit diesen unterschiedlichen Lebensstrategien auch innerhalb der Menschheit die Gewährleistung gegeben ist, dass die Spezies Mensch überlebt. Auch dann, wenn die eine oder andere Überlebensstrategie und damit eine Unterart der Menschen zum Scheitern verurteilt sein sollte.

- *Diese Erkenntnis bedeutet nichts anderes, als dass der Fortbestand der Menschheit auch dann gewährleistet ist, wenn eine Unterart auf Grund einer ungeeigneten Überlebensstrategie ausstirbt*!

Das Verändern einer Überlebensstrategie soll angeblich laut Wissenschaft mindestens dreißig Generationen Zeitbedarf erfordern unter der Voraussetzung, dass die Änderung vom Gehirn ständig als richtig anerkannt wird.
Es müssten also, um ein Beispiel zu nennen, dreißig Generationen lang die Afrikaner und ihre Nachkommen in Europa oder die Europäer in Afrika leben um annähernd die gleiche Überlebensstrategie und Hautfarbe zu haben wie die Ureinwohner.
Was in Tausenden von Jahren an Überlebensstrategien und Gefühlen festgelegt wurde, kann daher auch nicht in wenigen Jahren verändert werden.

- *Wir Menschen müssen einsehen, dass diese jahrtausendelang erprobten und bewährten Überlebensstrategien nicht von einer Generation zur anderen ausgelöscht und umgeändert werden können!*

Kehren wir gedanklich noch einmal zu unserer Entstehungszeit zurück. Zurück zu Adam und Eva oder

zum ersten Lebewesen, für welches der Namen Mensch zuordenbar war.
Denken wir an das, was wir in der Schule gelernt haben und aus Büchern und Filmen kennen.
Die Entwicklungsschritte der Menschen waren immer sehr klein und zwischen diesen sind immer Tausende von Jahren vergangen.

- *Die Veränderungen welche unsere Vorfahren durchlebten, wurden nur langsam wirksam, ausgiebig erprobt und wenn sie sich bewährt haben als Überlebensstrategie angenommen.*

Wir wissen auch aus der Geschichte, dass genügend Völker allem Anschein nach einer ungeeigneten Überlebensstrategie gefolgt sind und eines Tages nicht mehr diese Erde bevölkerten.
An was sonst sollten die diversen indianischen Hochkulturen Mittel- und Südamerikas zu Grunde gegangen sein? Was ist aus den Ägyptern geworden? Wie viele Kulturen sind schon untergegangen und werden noch untergehen?

- ***Wer kann mit Bestimmtheit sagen, dass die Kultur des permanent ansteigenden Fortschrittes, die rasante wirtschaftliche Weiterentwicklung und die dadurch erst ermöglichte Emanzipationsbewegung der Frauen in der wir uns gerade befinden, nicht auch eine Lebensstrategie des Unterganges ist?***

Sollte es so sein wird die gesamte Menschheit wahrscheinlich nicht aussterben, denn alle Menschen und Völker dieser Erde machen ja nicht mit, bei diesem rasant ablaufenden Veränderungsprozess.
Was immer wir auch seit der Steinzeit wirtschaftlich und kulturell verändert haben, dürfte nicht ausreichen, um unsere damaligen Überlebensstrategien wesentlich zu verändern.

- *Wir sind immer noch an Gefühle und Bedürfnisse, welche aus unserem Höhlendasein stammen gebunden!*

Diese oft unbewussten Empfindungen werden auch weiterhin bestimmen, wo unsere emotionalen Grenzen sind und wie wir in bestimmten Situationen reagieren.
Völlig unbegründete Angst vor bestimmten harmlosen Tieren oder der Beschützerinstinkt der Männer den Frauen gegenüber sind nur zwei Beispiele dafür.
Wir empfinden Angst und unser Körper überflutet uns mit Adrenalin, wenn eigentlich kein Grund vorhanden ist. Oder gibt es einen Grund sich vor Mäusen oder Spinnen zu fürchten?

- *Kein Raubtier und kein feindlicher Krieger bedroht heute unser Leben und trotzdem wollen Männer immer noch Frauen beschützen und diese auch beschützt werden!*

Die selben Frauen wollen aber heute den ganzen Tag im Beruf ihren „**Mann**“ stehen und abends wünschen sie sich eine Schulter um ihren Kopf anzulehnen.
Alle diese emotionalen widersprüchlichen Erscheinungsformen werden von vielen Menschen in zunehmenden Maße entweder ignoriert oder erst gar nicht mehr wahrgenommen und damit auch nicht verstanden.

- *Wir versuchen uns permanent an die neuen, unserem Wunschdenken entspringenden Gegebenheiten und Herausforderungen anzupassen!*

Allerdings übersehen wir dabei, das Anpassen etwas mit Fügen zu tun hat und daher auch keine Veränderungen bei unseren Emotionen bewirken kann.
Wir wollen trotz aller Anpassungsversuche, und mehr ist es letztlich nicht, in unserer ureigensten Gefühlswelt weiterleben, also immer noch wie Adam und Eva empfinden und fühlen.

Wenn die zunehmende Industrialisierung
an der Mentalität der Menschen in der südlichen
Welt nichts verändert hat,
wieso soll sich dann das ureigenste Verhalten von
Mann und Frau verändern,
nur weil einige Frauen es sich so vorstellen?

Das falsche Buch?

Sie glauben in der Zwischenzeit vielleicht ein falsches Buch zu lesen! Sie meinen ein Märchen- oder Geschichtsbuch in Händen zu halten! Sie irren sich wahrscheinlich auch nicht, wenn Sie meinen Adam und Eva hat es nicht gegeben.
Ich jedenfalls bin davon überzeugt, dass es die beiden im Paradies nicht gegeben hat, nur auf unserer Erde begegne ich ihnen täglich! Die Geschichte der beiden und das Leben unserer Vorfahren in ihren Höhlen ist kein Märchen, sondern die Realität unseres täglichen Lebens.

Ich erinnere mich noch sehr genau an das Gefühl der Unsicherheit, welches ich immer empfand, wenn ich als jugendlicher Adam auf der Suche nach einer Eva war und eine sah, die mich gefühlsmäßig sofort aus dem Gleichgewicht brachte, mir also besonders gut gefiel.
Die Angst sie anzusprechen und dann eine Abfuhr von ihr zu bekommen, weil ich vielleicht nicht ihren Wünschen und Vorstellungen entsprach, saß tief in mit drinnen. Ich wusste nie ob die Anzahl meiner Wildschweinzähne (Geldscheine) ihren Vorstellungen entsprechend ausreichend war.
So ein Mädchen einfach zu entführen, wie es die Höhlenbewohner einige Zeit vorher vielleicht noch getan haben, war ein Jugendtraum von mir, welcher sich leider nicht erfüllen ließ.

Gleich nach meiner Hochzeit teilte mir meine Eva mit, ich hatte dann doch irgendwann eine erfolgreich angesprochen, dass sie in einem Haus und nicht in meiner kleinen Wohnung ihr Leben mit mir verbringen möchte und erst wenn das Haus da wäre, zwei Kinder haben wolle.
Ich als ihr Adam habe ihr den Wunsch nach einem, wenn auch kleinem und sehr alten Haus erfüllt. Dafür durfte ich die nächsten zehn Jahre meine gesamte Freizeit und das übriggebliebene Geld in die Sanierung des Hauses stecken, während meine Eva unsere beiden Kinder großzog.

Meine heutige berufliche Tätigkeit erlaubt es mir als Mann, also als Adam, gelegentlich auch zu einer Zeit in einem Kaffeehaus zu sitzen, wo meine männlichen Kollegen ihrer Arbeit nachgehen. Also auf der Jagd nach Geld sind, um sich den Porsche und das eigene Haus leisten zu können, welche heute die Bärenkrallen und die Wildschweinzähne ersetzen.
Ich sehe bei solchen Kaffeehausaufenthalten immer eine Menge von Evas in angeregter Unterhaltung. Sie nähen dabei zwar keine Kleidungsstücke aus Fell mehr, das wärmende Feuer wurde auch durch Kaffeetassen ersetzt, aber es ist sehr interessant, sie, wenn meistens auch ungewollt, zu belauschen.
Viele der Gesprächsinhalte sind, trotzdem sie in meiner Muttersprache geführt wurden, für mich als Mann unverständlich gewesen.

- *Wenn Sie die Geschichte von Eva und Adam und die der Höhlenbewohner in die heutige Zeit umlegen, werden sie feststellen, dass sich in den grundsätzlichen Ritualen von Mann und Frau wirklich nicht viel verändert hat!*

Natürlich gibt es immer Ausnahmen wie zum Beispiel Frauen die keine Zeit haben tagsüber in Kaffeehäusern ein Plauderstündchen abzuhalten.
Es mag auch Männer geben die sich nicht, auch nicht im Tiefsten ihres Herzens fürchten, bei ihrer Traumfrau abzublitzen. Es gibt garantiert auch Männer, die nicht gewillt sind für eine Frau ein Haus zu bauen, oder wie Adam es machen musste, eine Höhle einzurichten.

- *Es soll auch Männer geben, die überhaupt kein Interesse an Frauen haben!*

Dafür gibt es zunehmend mehr Frauen die mit Leidenschaft auf die Jagd gehen, vorher aber wie ihre männlichen Kollegen eine Jagdprüfung ablegen müssen.
Es könnte natürlich so sein, dass sich tatsächlich etwas zu bewegen beginnt, dass altbewährte Verhaltensweisen aus dem Gleichgewicht geraten, weil viele Frauen auf einmal diese alte in uns verankerte Ordnung ignorieren und sich von etwas emanzipieren wollen.

Zwangsläufig taucht hier die Frage auf:

- *Von was wollen sich die Frauen eigentlich befreien?*

Diese Frage lässt meines Erachtens zwei Antworten zu. Die dem Anschein nach naheliegendere Antwort müsste heißen:

- ***„Von den Männern und deren angeblichen Unterdrückungsversuchen!"***

Daraus leitet sich automatisch die nächste Frage ab, ob man sich von etwas befreien kann, an dessen Schulter man seinen Kopf legen möchte, der einem das Auto repariert und der beim Sex gebraucht wird.

- *Die zweite Antwort könnte lauten, dass Frauen sich von sich selbst befreien möchten!*

Dass sie endlich heraus wollen aus einer Vielzahl von Gefühlen der Minderwertigkeit!
Aber gerade hier scheinen viele, wie die Zunahme der Schönheitsoperationen zeigt, immer tiefer hineinzugeraten. Aus meiner Sicht werden Frauen immer mehr zu Gefangene ihrer Gefühle, weil sie mit ihrem Körper nicht umgehen können. Weil sie nicht bereit sind ihn so zu akzeptieren wie er ist!

Was immer auch hinter der Emanzipationsbewegung stecken mag, es trifft und betrifft beide Geschlechter und wird damit zur Angelegenheit von Mann und Frau.

- *Jedes Emanzipationsbestreben hat eine nicht zu übersehende Auswirkung auf die unmittelbare Mitwelt!*

Jeder Mensch sollte sich daher für sich selbst die Frage stellen, ob er solche Veränderungen in seinem Leben will, wie er damit umgehen kann und welche Auswirkungen dies auf seine Zukunft haben könnte. Diese Frage sollten sie sich auch dann stellen, wenn die Initiative von ihrem Partner ausgeht und sie von seinem Emanzipationsbedürfnis einfach überrannt werden.
Mit den nachstehenden Kapiteln möchte ich versuchen, Ihnen bei der Beantwortung dieser Frage zu helfen!

Haben wir Frauen und Männer,
wir Evas und Adams,
unsere Gefühle und unser Leben noch im Griff,
wenn wir altbewährte Verhaltensweisen einfach
über Bord zu werfen versuchen
und dadurch unsere ureigenste Überlebensstrategie
gefährden?

Unsere Bedürfnisse

Der ureigenste Sinn des Lebens und daher auch der Sinn unseres Daseins ist, für die Erhaltung der eigenen Art, für unseren Fortbestand zu sorgen. Tief in uns verankert ist unser Überlebensdrang. Er ist die Basis für all unser Tun und Handeln.
Das Bestreben alles zu tun, damit die Menschheit nicht ausstirbt, hat Vorrang vor all unseren anderen Bedürfnissen. Würde dieser Drang wegfallen, würde die Menschheit relativ rasch aussterben.

- *Keine Frau würde die Unannehmlichkeiten einer Schwangerschaft und die Schmerzen einer Geburt auf sich nehmen, wäre da nicht dieses unwiderstehliche Bedürfnis nach Kindern!*

Um diesen Prozess der Lebenserhaltung auch zukünftig fortsetzen zu können, brauchen wir allerdings eine funktionierende Frau-Mann- Beziehung und eine intakte Umwelt. Das Erhalten einer lebenswerten Umwelt sollte für uns daher zum zweitgrößten Bedürfnis werden!

- *Im Gegensatz zu Tieren, Pflanzen und Bäume, die nur auf die Erhaltung der eigenen Art ausgerichtet sind, haben wir Menschen die Verantwortung über alles Lebende auf dieser Erde*!

Unser unwiderstehliches Bedürfnis nach Nachkommen löst, ungeachtet unseres Umganges mit unserer Umwelt, eine Reihe weiterer Bedürfnisse aus. Zuerst einmal das Bedürfnis selbst am Leben zu bleiben, um unseren ureigensten Sinn zu erfüllen, für unseren Fortbestand zu sorgen und unsere Gene weiterzugeben.
Daraus ergeben sich alle für die Lebenserhaltung notwendigen Bedürfnisse wie Essen, Trinken, Schlaf und Sex.
Ist eines dieser Bedürfnisse nicht erfüllt, sind die nachfolgenden, höherwertigen Bedürfnisse solange bedeutungslos, bis das unbefriedigte Bedürfnis erfüllt ist.

- *Keiner der am Verdursten oder am Verhungern ist hat ernsthaft Interesse an Anerkennung und Lob, solange sein Durst oder sein Hunger nicht gestillt ist!*

Die nächsten Stufen sind das Bedürfnis nach Sicherheit und unsere sozialen Bedürfnisse.
Adam konnte, wenn er genug Äpfel am Baum sah, sicher sein, Eva und er werden auch in den darauffolgenden Tagen genug zu essen haben. Sie hatten dann genug Zeit, vor ihrer Höhle zu sitzen und sich zu unterhalten.
Da wir nicht mehr im Paradies leben, hat sich auch einiges verändert. Ein wesentlicher Beitrag heute unsere Bedürfnisse zu befriedigen ist genug Geld zu haben. Wir vertrauen darauf, mit diesem Geld uns

jederzeit alles kaufen zu können, was durchaus ein Trugschluss sein kann.
Wir kaufen uns Nahrungsmittel, Kleidung und bezahlen unsere Wohnungsmiete. Manche von uns meinen auch, sich die Liebe kaufen zu können oder ihre vermeintliche Liebe des Geldes wegen herschenken zu müssen.

- *Wir versuchen unsere Bedürfnisse weitgehend mit Geld zu befriedigen!*

Das gelingt uns aber nicht immer, denn das Bedürfnis nach Anerkennung können wir zum Beispiel kaum mit Geld befriedigen. Höchstens der Erfolg, der uns das Geld gebracht hat, bringt uns gleichzeitig auch die ersehnte Anerkennung.
Durch die daraus abgeleitete, scheinbare Notwendigkeit möglichst viel Geld zu verdienen haben wir immer weniger Zeit uns um uns selbst zu kümmern. Viele von uns haben daher verlernt, die eigenen Gefühle richtig wahrzunehmen.

- *Wir nehmen uns immer seltener die Zeit, auf unsere innere Stimme zu hören!*

Wir überhören in der Hektik des Alltages sogar eindeutige Warnungen unseres Körpers, die sich in Schmerzen ausdrücken.
Während wir versuchen uns nach außen hin weiter zu entwickeln, unserer Karriere willen, stumpfen wir innerlich ab, werden für unsere Mitmenschen

immer ungenießbarer und wahrscheinlich auch noch krank.

- *Wir sind dann auch nicht mehr in der Lage, die Gefühle der anderen Menschen richtig zuzuordnen.*

Daher ist es wichtig, dass wir uns von Zeit zu Zeit auf uns selbst konzentrieren, auch wenn es egoistisch erscheint.
Erst wenn wir unsere eigenen, vor allem unsere ständig neu dazukommenden Bedürfnisse verstehen, sie ausdrücken können, einen Namen dafür haben, werden wir auch Verständnis für die Bedürfnisse unserer Mitmenschen aufbringen.
Menschen denen es zum Beispiel nicht bewusst ist, dass sie selbst Anerkennung brauchen, haben auch kein Verständnis für das Bedürfnis nach Anerkennung bei anderen Menschen.
Wir leben, so hat es Gott beschlossen, als er Adam und Eva erschaffen hatte, in keiner Abhängigkeit wie die Bienen von den Blumen. Wir sind aber von anderen Menschen mindestens genau so abhängig, wie diese von uns. Unsere Abhängigkeit drückt sich in der gegenseitigen Erfüllung der Bedürfnisse aus.

- *Menschen brauchen Menschen um ihre eigenen Bedürfnisse zu befriedigen!*

Daher würde es alleine niemand sehr lange auf einer einsam gelegenen Insel aushalten. Die einfachste und unkomplizierteste Stufe der Bedürfniserfül-

lung ist andere Menschen zu sehen, um mit ihnen einige, wenn auch nur belanglose Worte wechseln zu können.
Diese scheinbar bedeutungslose Kommunikationsmöglichkeit führt wenn sie uns fehlt bereits dazu, dass uns die Decke auf den Kopf fällt, wie wir zu sagen pflegen.
Die höchste Form der Bedürfniserfüllung finden wir in dem Zustand, den wir Liebe nennen!

- *Liebe ist ein Erregungszustand, in dem wir uns befinden, wenn wir glauben, dass die Bedürfnisse erfüllt werden, nach deren Erfüllung wir uns am meisten sehnen!*

Wir sagen zwar ich liebe dich, meinen aber letztlich nur ich brauche dich. Dieses gegenseitige Brauchen ist durchaus unegoistisch zu sehen, denn das gegenseitige Erfüllen und Befriedigen von bestimmten Bedürfnissen ist ein lebensnotwendiger Bestandteil unseres Daseins.
Ist das Gefühl der Liebe nicht mit diesem Brauchen und vor allem mit dem Gebrauchtwerden verbunden, kann dieses Gefühl erst gar nicht hergestellt werden oder geht sehr rasch wieder verloren. Die Liebe ergibt für uns dann keinen Sinn, wird nutzlos und ist zum Scheitern verurteilt.

- *Wer nicht gebraucht wird, kann auch nicht lieben!*

Es scheint also besonders wichtig zu sein, ständig daran zu denken, dass gerade das Brauchen in einer Beziehung ein gegenseitiges Geben und Nehmen ist. Es kommt bereits zur Katastrophe, wenn ein Partner nichts mehr, oder zu wenig vom anderen braucht, also vom Partner haben will.

- *Beziehungen scheitern nicht nur am Nicht-geben- können oder wollen, sondern immer häufiger am Nicht- gebraucht- werden!*

Da der Erregungszustand, den wir empfinden, wenn wir frisch verliebt sind, nicht alle Zeit unseres Lebens anhalten kann, sind wir auf eine funktionierende Bedürfniserfüllung angewiesen
Die Ursache für das Schwinden all unserer Gefühle beruht auf der Tatsache, dass wir Menschen ständig von unterschiedlichen Gefühlen beeinflusst werden, daher kann auch kein Gefühl Dauergast bei uns sein! Wir können nicht ein Leben lang ununterbrochen glücklich oder traurig sein.

- *In dem Augenblick, in dem wir das Glück, die Zufriedenheit oder die Liebe in Händen halten, beginnen sie bereits wieder zu schwinden!*

Übrig bleibt vom Erregungszustand der Liebe nach einiger Zeit eine mehr oder weniger tiefe Zuneigung, entstanden durch die in dieser Zeit aufgebaute Vertrautheit.

- *Die Zuneigung zu einem Menschen wird nur aufrechterhalten durch das gegenseitigen Brauchen und Gebrauchtwerden!*

In diesem Gefühlsbereich hat sich in der letzten Zeit allerdings einiges verändert. Vor allem die heutigen, modernen Frauen sind im Gegensatz zu ihren Vorfahrinnen immer unabhängiger von ihren Männern geworden und brauchen diese dem Anschein nach immer weniger.
Die Konsequenz daraus ist, dass sich manche Männer immer öfter überflüssig vorkommen, weil durch dieses Verhalten ihre ureigensten Bedürfnisse nicht mehr erfüllbar sind.

Ein Mann kann heute in einer Beziehung durchaus den Eindruck gewinnen, nutzlos zu sein!

Der kleine Unterschied

Den kleinen Unterschied gibt es nicht nur im unterschiedlichen Aussehen von Mann und Frau, sondern vor allem in unseren unterschiedlichen, gegensätzlichen Emotionen.
Diese gegensätzlichen Emotionen finden ihren Ursprung in unseren, sich ergänzenden Lebensaufgaben und sind der Ausdruck, der in der Urzeit entstandenen Überlebensstrategie von Frau und Mann. Es war immer schon so, dass die ureigensten Aufgaben der Frau eine völlig andere waren, als die des Mannes.

- *Nichts zieht sich gegenseitig mehr an, als zwei sich ergänzende Gegensätze!*

Mann und Frau sind nicht gleich, sie unterscheiden sich auch nicht wie Apfel und Birne, sondern sind jeweils nur eine Hälfte eines Ganzen.
Eine Hälfte die ohne dem anderen Geschlecht zumindest im Sinne der Natur keine Bedeutung hat, da sie alleine nicht fortpflanzungsfähig, und daher auch nicht überlebensfähig ist.
Erst beide Hälften zusammen sind in der Lage den Fortbestand der Menschheit zu sichern und die Weitergabe der Gene zu gewährleisten und erfüllen so den Sinn des Lebens.

- *Neben den rein optischen Unterschieden kommen diese Gegensätzlichkeiten vor allem in unseren unterschiedlichen Bedürfnissen und Erwartungen, in unseren Hoffnungen und Ängsten zum Ausdruck und umschließen jeweils den ganzen Mann und die ganze Frau.*

Wir haben im Laufe der letzten Jahre allerdings zunehmend verlernt unsere Grundbedürfnisse und die damit verbundenen Gefühle zu erkennen oder sie zumindest richtig zu deuten.
Vielleicht ist es auch nur so, dass manche Menschen sich einfach über diese Grundbedürfnisse hinwegsetzen und damit wiederum andere Menschen zwingen ebenfalls auf die Erfüllung ihrer Grundbedürfnisse, zumindest teilweise zu verzichten.

- *Vielleicht haben wir auch angefangen unsere Gefühle zu verleugnen, weil es nicht „in“ war, sie zu haben, sie herzuzeigen!*

Viele Menschen haben so scheint es mir zumindest, als Ersatz für ihre wahren Empfindungen und Bedürfnisse begonnen, eine Rolle zu spielen und bemerken dabei nicht, dass ihre Gefühle immer mehr abstumpfen, weil sie keine Erfüllung, keine Gegenseite mehr finden.

- *Wenn wir rufen, weil wir auf ein Echo warten und keines kommt zurück, werden wir eines Tages nicht mehr rufen!*

Damit verzichten wir gewollt oder ungewollt auf die Erfüllung unserer Bedürfnisse und gehen am Leben vorbei ohne es zu merken, und wundern uns, warum wir unseren Partner nicht mehr verstehen und von ihm nicht mehr verstanden werden, er uns einfach fremd geworden ist.
Oder wir als Single zwar Interesse am anderen Geschlecht haben, aber außer Sex mit ihm nichts anfangen können, also feststellen müssen, dass wir unfähig geworden sind eine längerfristige Beziehung einzugehen.

- *Wir bemerken nicht, dass wir gegen eine unumstößliche Verhaltensweise verstoßen, und sehen daher auch nicht das Desaster, in welches wir uns hineinmanövrieren!*

Von der Überlegung ausgehend, dass sich unsere ureigensten Überlebensstrategien und die damit verbundenen Verhaltensweisen noch nicht wesentlich verändert haben, daher unsere Gefühle und Bedürfnisse noch in etwa die selben sind wie vor einigen tausend Jahren, habe ich mir eine Menge Fragen gestellt und nach entsprechenden Antworten gesucht. Dabei habe ich immer berücksichtigt, dass alles zwei Seiten hat, also wie schon erwähnt aus einem Pärchen besteht.

Hingabe und Begehren

Der Urtrieb, für den Fortbestand der Menschheit zu sorgen, steuert in uns Menschen geschlechtsabhängig das Gefühl von Hingabe und Begehren.
Diese zwei gegensätzlichen und sich gleichzeitig am meisten anziehenden Gefühle sind die dominierendsten Empfindungen, welche wir Menschen folgen.
Nur durch diese Gefühle finden zwei Menschen zueinander und tun das, beziehungsweise tun sich das an, was notwendig ist um den Fortbestand der Menschheit zu gewährleisten.

- *Der Mann teilte früher seine Jagdbeute und später sein Einkommen mit einer Frau nur aus dem unwiderstehlichen Drang des Begehrens heraus!*

Wenn dem Mann eine ihm begehrenswert erscheinende Frau begegnet war, drehten sich seine Gedanken nur noch darum, alles zu tun was notwendig war, um sie besitzen zu können. Der Antriebsmotor für alle seine Gedanken und Handlungen war das Verlangen nach der Weitergabe seiner Gene.
Zu diesem Zweck wollte und musste er die Frau besitzen, sie sein eigen nennen. Nur so konnte er einigermaßen sicher sein, dass die Kinder für die er sorgte, auch die seinen waren.

- *Die Frau unterwarf sich den Wünschen des Mannes und gab sich ihm nur aus dem für sie unwiderstehlichen Drang heraus hin, Kinder zu bekommen und diese auch am Leben zu erhalten!*

Um ihre Kinder großzuziehen brauchte sie die Unterstützung des Mannes. Mit ihrer Hingabe befriedigte sie die Bedürfnisse des Mannes und erhielt als Gegenleistung die notwendige Unterstützung um mit ihren Kindern am Leben zu bleiben.

- *An dieser vielleicht etwas nüchternen Betrachtung einer Mann-Frau-Beziehung hat sich nicht allzu viel verändert, auch wenn wir heute von Liebe sprechen.*

Diese beiden völlig gegensätzlichen Gefühle und Bedürfnisse können weder weggelassen noch zwischen Männern und Frauen beliebig ausgetauscht werden, da sie absolut geschlechtsspezifisch sind. Auch heute noch gibt sich die dominanteste Frau beim Geschlechtsverkehr letztlich hin, zumal ihre physischen Eigenschaften nicht trennbar von ihren psychischen sind.

- *Die Worte **„nimm mich!“** sind keine gedankenlose Äußerung einer Frau, sondern der, wenn auch vielleicht unbewusste Ausdruck einer emotionalen Empfindung!*

Genommen werden bedeutet sich teilweise selbst aufzugeben, dem anderen zu gehören und steht im krassen Widerspruch zum Emanzipationsbestreben, da es nicht möglich ist jemandem zu gehören und sich gleichzeitig von ihm zu befreien.
Gerade aber dieses dem Mann gehören, das sich hingeben der Frau erweckt im Mann das Verantwortungsgefühl, welches zumindest bei unseren Vorfahren noch notwendig war, dass der Mann immer wieder zu seiner Partnerin zurückkehrte. Auf etwas, das einem gehört passt man bekanntlich auch besser auf.

- *Mit dieser Hingabe macht sich die Frau zum scheinbaren Eigentum des Mannes um ihn so an sich zu binden!*

Der Mann tat als Gegenleistung alles, um ***seine Frau*** und ***ihre Kinder*** zu ernähren und zu beschützen.
Wenn es männliche Leser gibt, die bis jetzt geglaubt haben, sich eine Frau ausgesucht zu haben, sollten sie sehr schnell ihre Meinung ändern, wenn sie sich nicht selbst weiterhin belügen wollen. Die letzte Entscheidung, so glaube ich jedenfalls, trifft immer die Frau.
Da sie sich dem Mann hingibt, entscheidet sie auch einzig und alleine mit wem sie sich einlässt. Dadurch wird diese Hingabe zu einer emotional gesteuerten Handlung des Nehmens.

- *Mit dem Entscheidungsrecht der Frau wem sie sich hingibt, nimmt und bekommt sie meistens den Mann, den sie will!*

Damit haben wir Männer im Fortpflanzungsgeschehen nicht allzu viel mitzureden, außer ständig zu wollen und darauf zu warten bis wir auch wirklich dürfen!
Dazu passt auch ein mir schon seit vielen Jahren bekanntes Sprichwort, welches folgendermaßen lautet:

- *Wo eine Törin will, will auch ein Tor!*

Wer sich betören lässt ist ein Tor
und nur Toren teilen mit anderen ihr Leben, scheint
heute zur einer neuen Lebensdevise zu werden.

Der Schutz des Weiblichen

Damit unser Zusammenleben nicht nur über Hingabe und Begehren funktioniert, hat sich die Natur, oder wenn sie wollen Gott, etwas Besonderes einfallen lassen. Nämlich nichts dem Zufall zu überlassen, den es sowieso nicht gibt.
Zu den unumstößlichen Grundgesetzen der Überlebensstrategie gehört daher auch der Schutz des Weiblichen, der als Urinstinkt in jedem Mann verankert ist.

- *Die Wertigkeit und die Wichtigkeit des weiblichen Wesens, sind bei fast allen Lebensformen höher angesetzt als der des männlichen Gegenstückes!*

Beispiele aus der Welt der Säugetiere zeigen uns, dass als ureigenste Überlebensstrategie alle Weibchen als Gebärende in größeren Stückzahlen vorkommen als ihre männlichen Artgenossen, sich häufig in Familienverbänden gegenseitig schützen, und einen größeren Gemeinschaftssinn haben.
Ihre männlichen Artgenossen am Ende ihrer Jugend von der eigenen Mutter oder einem Männchen häufig vertrieben, fristen als Einzelgänger oder in kleinen Gruppen ihr Dasein und werden nur zum Zwecke der Paarung geduldet.

- *Und das auch nur dann, wenn sie zuvor ihre Rivalen besiegen oder den Vorstellungen der Weibchen entsprechen!*

Die Erklärung dafür ist auch relativ simpel. Viele männliche und nur ein weibliches Wesen zeugen in einer bestimmten Zeit nur ein Nachkommen. Umgekehrt gebären viele Weibchen, auch wenn sie nur einen besamungsfähigen männlichen Artgenossen zur Verfügung haben, in der gleichen Zeit entsprechend viele Nachkommen.
Der Schutz und die Wichtigkeit des Weiblichen haben in der Natur dazu geführt, dass bei manchen Gattungen, möglicherweise bedingt durch ein spärliches Nahrungsangebot oder aus einem Überflüssig sein heraus, das Männchen nach der Paarung vom Weibchen aufgefressen wird.
Unabhängig vom Überleben beim Paarungsakt (manche Männer erleiden dabei einen Herzinfarkt) haben wie viele Tierarten auch, die Frauen einige deutlich sichtbare Schutzsignale mitbekommen.

- *Bei den Menschen sind die Schutzsignale erkennbar an dem in der Kindheit steckengebliebenen äußeren Erscheinungsbild der Frauen!*

Ihre Zierlichkeit und die zumindest bei manchen Frauen sichtbare Puppenhaftigkeit erwecken im Mann den Beschützerinstinkt. Dieses Aussehen ist wesentlich mit ausschlaggebend für die Gefühle die

ein Mann für eine Frau empfindet, auch dann, wenn sie für ihn fremd ist.
Daher haben und werden sich Männer in der Gegenwart einer Frau immer anders verhalten, als wenn sie unter sich sind. Sie reagieren auch vollkommen anders, wenn in ihrer Gegenwart eine Frau in Bedrängnis ist.
Der Urinstinkt des Mannes eine Frau zu beschützen, sich für sie verantwortlich zu fühlen, wird noch unterstützt durch ihre scheinbare körperliche Schwäche und Unbeholfenheit.

- *Das äußere Erscheinungsbild der Frauen dient nur der Täuschung der Männer!*

Vom äußeren, zierlichen, puppenhaften Erscheinungsbild der Frauen leiten die Männer auch gerne die emotionalen Fähigkeiten der Frauen ab und unterliegen hier ihrer zweiten großen Täuschung.
Das äußere Erscheinungsbild einer Frau ist in Wirklichkeit nämlich genau das Gegenteil ihrer emotionalen Welt. Emotional ist auch die kleinste, zierlichste Frau jedem Mann bei weitem überlegen.

- *Die Kraft, und die Ausdauer mit welcher Frauen eine Vielfalt an Gefühlen empfinden, sie kommunizieren und ausleben, lässt jeden Mann zum Waisenknaben werden!*

Dadurch scheint es Frauen auch leichter zu fallen, mit den Schwierigkeiten des Alltags fertig zu werden und negative Erlebnisse leichter zu verkraften. Ihre emotionale Stärke und ihre kreisförmig geartete Denkweise ermöglicht es ihnen, sich leichter von unliebsamen Gedanken, Erlebnissen und Zwängen zu befreien.

- *Das geradlinige, problemorientierte Denken der Männer bringt nicht immer eine auf längere Sicht gesehen zufriedenstellende emotionale Lösung!*

Dazu kommt noch, dass Männer krankheitsanfälliger und schmerzempfindlicher sind als Frauen, die von Natur aus durch ihre Hormone besser geschützt werden.
Die unterschiedliche Denkungsweise von Mann und Frau und das unterschiedliche emotionale Empfinden sind ebenfalls ein Erbgut aus unserer Höhlenzeit!

Hier taucht in meiner Gedankenwelt die Frage auf,
ob wir Männer vielleicht doch
die zweite Wahl sind?

Die Werbung der Frauen

Durch ihre emotionalen Fähigkeiten über vielen Dingen zu stehen, ist es den Frauen auch möglich viele von den Männern hervorgebrachten Dummheiten zu ignorieren. Sie ertragen scheinbare Beleidigungen und Demütigungen mit einer Ruhe und Gelassenheit, wie dies die meisten Männer nicht so ohne weiteres ertragen könnten. Allerdings haben sie dabei auch ein großes Ziel vor Augen! Gerade weil es so viele Witze über blonde, und dem Anschein nach dumme Frauen gibt, zählen sie auch zu den für Männer begehrenswertesten Geschöpfen.

- *Jeder weitererzählte Witz ist eine Werbung für diese Frauen!*

Ihre, damit zum Ausdruck gebrachte scheinbare Dummheit und Unbeholfenheit macht sie für viele Männer erst so richtig begehrenswert, da diese erst dadurch ihre Männlichkeit beweisen und sich für das scheinbare Dummerl verantwortlich fühlen können.

- *Um einen Mann anzulocken ist den Frauen fast jedes Mittel recht!*

Daher erzählen auch blonde Frauen Witze über sich selbst, weil sie genau wissen, was sie damit erreichen können.

Automatisch drängt sich jetzt auch die Frage auf warum Frauen sich seit jeher lieber, man könnte sagen fast mit Leidenschaft ausziehen und weitaus freizügigere Einblicke in ihren Intimbereich gewähren als Männer?

- *Sexfotos wohin man sieht, als permanente Werbung für ihr Geschlecht, erinnern die männlichen Artgenossen ständig an das, was sie versäumen, wenn sie sich von Frauen abwenden würden!*

Die Prostitution, die sehr lange fast nur Frauensache war, zeigt deutlich die Wichtigkeit und die Wertigkeit von Sex für die Frauen. Dieses Gewerbe leistet ebenfalls einen beachtlichen Werbebeitrag für das weibliche Geschlecht in Form von handfesten, praktischen Übungen.
Dieses weibliche Verhalten zeigt aber auch sehr deutlich, dass Frauen von je her darauf programmiert wurden, zu locken, zu reizen und zu verführen.

- *Die heute in unserem Kulturkreis vielleicht übertriebene sexuelle Freizügigkeit könnte uns allerdings in eine Richtung führen, welche uns erhebliche Probleme bereiten könnte!*

Wenn alles zwei Seiten hat, und davon bin ich überzeugt, hat auch diese zunehmende Freizügigkeit der

Frauen überall alles, oder fast alles herzuzeigen eine zweite Seite.
Im Gegensatz zu den mehr oder weniger verschleierten Mohammedanerinnen liefern unsere Frauen den Männern nämlich ständig Vergleichsmöglichkeiten wie eine Frau im Idealfall aussehen kann, denn nichts ist leichter als ein Foto zu manipulieren und Schwachstellen zu beseitigen. Übrig bleibt ein scheinbar makelloser Körper.

- *Wie viele Frauen entsprechen den auch noch ständig wechselnden Idealvorstellungen eines perfekten Frauenkörpers?*

Dazu einige Gedanken von mir zum Nachdenken für Sie liebe(r) LeserIn!

Es könnte vielleicht der Fall eintreten, dass das Interesse der Männer an den Frauen deutlich nachlässt, weil durch diese Freizügigkeit eine sexuelle Überreizung stattfindet. Die Männer sich überfordert fühlen und das Gefühl bekommen, benutzt zu werden statt Eroberer zu sein.

Männer auf der Suche nach einer Partnerin werden, wenn sie sich auf eine solche Idealfrau konzentrieren, sehr lange, wenn nicht überhaupt vergeblich suchen. Damit fällt wieder ein potenzieller männlicher Anwärter für die Frauen aus.

Ähnliches geschieht mit Männern die beginnen, ihre Partnerin in zunehmendem Maße mit einer Idealfrau zu vergleichen. Sie werden immer häufiger Schwierigkeiten haben, die Bedürfnisse ihrer Partnerin zu befriedigen, weil sie im alltäglichen Leben, und vor allem im Bett ständig Vergleiche anstellen.

- *Frauen freizügiger Kulturen verschaffen sich gerade durch ihre Freizügigkeit selbst eine Menge Probleme!*

Auch in den Köpfen der Frauen beginnen, wie man zunehmend beobachten kann, neue Gedanken und Wünsche Fuß zu fassen.
Das Wissen um den Körper der anderen Frauen und die damit verbundenen Vergleichsmöglichkeiten treiben immer mehr Frauen in die Arme von Schönheitschirurgen. Sie setzen sich einem gesundheitlichen Risiko aus und lassen sich eines Idols wegen quälen.
Befragt über den Grund ihres Handelns, geben fast alle Frauen ausnahmslos an, solche operativen Eingriffe nur wegen des eigenen Wohlbefindens machen zu lassen.
Wenn schon nicht berechnender weise wissen Frauen zumindest instinktiv, dass mit ihrem steigenden Selbstvertrauen auch die eigene Wertigkeit steigt.
Sie glauben dadurch, einen besseren, erfolgreicheren Mann zu bekommen und damit ein angenehmeres Leben führen zu können.

- *Je höher ein Mensch seinen eigenen Wert einschätzt, umso höhere Ansprüche stellt er auch bei der Partnerwahl!*

Die Ansprüche mancher Frauen,
so scheint es mir, sind so groß geworden,
dass sie nie einen Mann finden werden,
zumindest keinen,
welchen sie nicht noch umerziehen müssen,
bis er ihren Ansprüchen gerecht wird!

Sex

Die Vorfahren unserer Frauen mussten, wie schon erwähnt, um ihre naturgewollte Aufgabe zu erfüllen einen Mann an sich binden, ihn dazu bringen bei ihr zu bleiben. Das kann nur funktionieren, wenn der Mann sich auch binden lässt.
Da es in der Natur keine zwanghaften, mit Gewalt zusammengehaltenen Bindungen gibt, funktioniert das Ganze bei uns Menschen auch nur auf emotionaler Basis. Die Natur hat sich daher auch etwas Besonderes einfallen lassen.
Ein Mann hatte in der Steinzeit und er hat auch heute noch das Bedürfnis, sich eine Frau zu nehmen, sie zu besitzen was auch in unserer Sprache ***„Er nahm sie zur Frau“*** zum Ausdruck kommt. Erst durch das Gefühl des Besitzens wird es ihm möglich, seine eigenen gesamten Bedürfnisse zu befriedigen und seine Männlichkeit auszuleben.

- *Die Befriedigung der eigenen Bedürfnisse bindet den Mann an eine Frau!*

Diese bestehen neben dem Bedürfnis nach Sex zwecks Weitergabe der Gene, auch noch aus dem Bedürfnis als Mann gebraucht zu werden und sich für das Glück der Frau verantwortlich zu fühlen.
Frauen hingegen wollen, wenn sie den geeigneten Partner gefunden haben, sich diesem hingeben. Sie wollen eine Schulter an die sie sich anlehnen können und eine Hand, welche sie durchs Leben führt.

Diese Empfindungen, welche von unserem Kopf ausgehen sind genau so gegensätzlich wie unser Denken. Dass Frauen und Männer völlig gegensätzlich denken ist nicht nur wissenschaftlich bewiesen, das können Sie bei jeder Unterhaltung zwischen den Geschlechtern miterleben, wenn Sie nur genau zuhören.
Durch diese unterschiedliche Denkweise ergibt sich auch zwischen Mann und Frau eine völlig andere Sichtweise und eine völlig andere Gefühlswelt in Bezug auf Sex.

- *Der Geschlechtsverkehr hat für Mann und Frau nicht nur eine völlig unterschiedliche Bedeutung, er wird auch völlig unterschiedlich empfunden.*

Frauen hinterfragen ihre Sexualität, überlegen letztendlich genauer, mit wem sie sich einlassen, suchen Probleme zuerst bei sich selbst, und haben neben der eventuellen Befruchtung nur ein großes Ziel dabei im Auge.

- *Sie wollen ihren Partner unter allen Umständen befriedigen und ihm die Möglichkeit geben, sich als Mann beweisen zu können!*

Sie spielt dem Mann zur Stärkung seines Selbstvertrauens, wenn erforderlich, einen Orgasmus vor mit dem einzigen wirklichen Verlangen, nämlich den Mann an sich zu binden.

Männer gingen in der Steinzeit auf die Jagd, kamen mit den lebensnotwendigen Lebensmitteln in die Höhle zurück und durften als Belohnung für dieses Geschenk mit ihrer Partnerin Sex machen. Ohne dieser Belohnung hätten sie ihre Jagdbeute wahrscheinlich nicht mit einer Frau geteilt.
Es war daher in der Vergangenheit zumindest für eine Frau allem Anschein nach nicht so wichtig, selbst einen Orgasmus zu erleben, sondern den Mann dazu zu bewegen mit seiner Jagdbeute immer wieder zu ihr zurückzukehren.

- *Die vollkommene Befriedigung einer Frau scheint nicht ihr Orgasmus, sondern der, mit jedem Geschlechtsverkehr erneut an sie gebundene und damit wieder zu ihr zurückkehrende Partner zu sein!*

Das Gegenteil davon ist, dass der Mann in erster Linie die Befriedigung seiner eigenen Lust sucht und der Lustgewinn seiner Partnerin für ihn zweitrangig ist.
Eventuelle Probleme in der Sexualität werden dann auch zuerst bei der Partnerin gesucht. Wenn es keine Probleme gibt, alles so ist, wie der Mann sich sein Sexleben vorstellt, kommt er immer wieder zu ihr zurück.
Die Hauptsache für den Mann scheint dabei zu sein, sich nicht besonders anstrengen zu müssen und zum Leidwesen der heutigen Frauen sollte es auch noch möglichst rasch gehen.

- *Der Geschlechtsverkehr dient dem Mann in erster Linie zur Befriedigung seiner eigenen Bedürfnisse!*

Das unbewusste Bedürfnis des Mannes heißt letztlich ebenfalls nur Weitergebe der eigenen Gene zur Erhaltung der eigenen Art und damit der eigenen Sippe.
Je länger ich darüber nachdenke, um so fester wird meine Überzeugung, dass sich in letzter Konsequenz alles nur um die Erhaltung der eigenen Art dreht! Dass die Arterhaltung eine uns Menschen spaßbereitende Angelegenheit ist und mit tiefen Gefühlen verbunden sein kann, hat mit dieser Tatsache nichts zu tun, sondern ist nur ein positiver Nebeneffekt.

- *Wie wichtig einer Sippe, einem Volk sein Überleben ist, können Sie heute noch täglich beobachten. Es werden nach außen hin immer noch Kriege um der Sprache und der Kultur wegen geführt!*

Die Erhaltung der eigenen Rasse oder Volksgruppe scheint wichtiger zu sein als Friede, Sicherheit und Menschenleben. In Wirklichkeit ziehen die Menschen nicht ihrer Sprache oder ihrer Kultur wegen in den Krieg, sondern nur wegen der Erhaltung ihrer Gene! Instinktiv wollen sie dafür sorgen, dass ihre Rasse nicht ausstirbt.

Von dieser Überlegung kann man ableiten, dass alle fremdenfeindlichen Aussagen ebenfalls auf der unbewussten Angst vom Ende der eigenen Gene beruhen.

- *Es scheint so zu sein, dass die Erhaltung der eigenen Art Vorrang vor allem anderen Tun und Denken hat!*

Dieses Verhalten ist auch in der Tierwelt zu beobachten. Männchen die einem Nebenbuhler den Harem ausgespannt haben, töten sehr häufig dessen Nachwuchs. Damit machen sie nicht nur die Weibchen gefügig, sondern sorgen auch für eine möglichst rasche Verbreitung ihrer eigenen Gene.
Aus diesem unbewussten, instinktiven Verhalten von uns Menschen sammeln sich in unserem Lebensalltag auch eine Reihe von Ängsten an.

- *Gerade im Bereich der Sexualität haben Mann und Frau sehr viele, aber unterschiedliche Ängste auszustehen!*

Die Männer vor allem die Angst nicht zu können. Dabei geht es ihnen nicht um die Enttäuschung, welche sie ihrer Partnerin antun, sondern um das Gefühl ein Versager zu sein, die Partnerin dadurch zu verlieren und **NIE MEHR** Sex haben zu können. Damit aber auch nicht mehr den Sinn ihres Lebens erfüllen zu können und ein für allemal nutzlos zu sein.

- *Frauen fürchten sich vielmehr davor, verletzt als nicht befriedigt zu werden!*

Verletzt zu werden bedeutet für eine Frau, dem Mann nicht zu gefallen, ihm nicht das geben zu können was sie glaubt, dass er braucht um ihn zu motivieren wiederzukommen.
Wenn er nicht oft genug kommt, sinkt die Wahrscheinlichkeit einer Schwangerschaft beträchtlich. Wenn er nicht blieb, sank zumindest bei unseren Vorfahren noch die Wahrscheinlichkeit, das Kind auch großziehen zu können.
Verletzt wird eine Frau auch dann, wenn ihr Mann nicht mehr will, weil sie dadurch das Ende ihrer Beziehung herannahen sieht mit allen soeben geschilderten Folgen.

- *Für Frauen ist der Geschlechtsverkehr auch eine Bestätigung ihrer Beziehung zu ihrem Partner!*

Frauen haben eine große Gefühlswelt und wollen ständig durch Körperkontakt eine Nähe zu ihrem Partner herstellen. Frauen wollen natürlich auch ihren Partner besitzen, erwarten seine Hingabe, so wie sie es empfinden und tun.
Einem Mann widerstrebt es aber, einer Frau zu nahe zu sein, weil er dadurch seine Autonomie verliert. Diese braucht er aber, wie sie noch lesen werden, denn ohne diese Autonomie wäre ein Mann kein Mann und die Frau hätte letztlich keine Freude mit ihm.

Ein weiterer Unterschied zwischen Mann und Frau ist im Bedürfnis nach der Weitergabe der eigenen Gene zu sehen. Der Mann will seine Gene an alle Frauen weitergeben, die seinen Vorstellungen entsprechen, wobei die meisten Männer dabei nicht besonders wählerisch sind.
Die Frau hingegen will den besten Mann und damit die besten Gene die sie bekommen kann als Ergänzung zu ihren eigenen.

- *Das bedeutet letztlich nichts anderes, als dass Männer es fast bei jeder Frau versuchen!*

Auch dieses Verhalten scheint mir einfach erklärbar zu sein; durch die Tatsache, dass Männer zumindest theoretisch ununterbrochen Nachwuchs zeugen könnten, während Frauen nicht nur durch Monatszyklen, sondern auch durch Schwangerschaftszeiten daran gehindert werden.
Diese weiblichen Eigenschaften verhindern, dass jeder männliche Samenerguss zum Erfolg führt mit der Konsequenz, dass Männer es daher öfter versuchen müssen.
Die Tatsache, dass die Fruchtbarkeit der Frau gegenüber der des Mannes eingeschränkt ist, dürfte auch der Grund sein, warum die menschliche Natur der Frau das Entscheidungsrecht eingeräumt hat, letztlich zu entscheiden, mit welchem Mann sie sich einlässt.

- *Es scheint so zu sein, dass die Frauen nicht nur über ihr eigenes, sondern auch über das Sexualleben der Männer entscheiden!*

Nur durch dieses Entscheidungsrecht hat die Frau die Möglichkeit letztlich zu bestimmen, welche Gene sich mit den ihrigen vermischen.
Das ist auch der Grund dafür, wieso wir Männer um die Frauen werben und nicht sie um uns. Nur wer umworben wird kann über den Ausgang des Werbebemühens entscheiden und nicht wer wirbt, sonst bräuchte er ja nicht zu werben.

Da aber alles zwei Seiten hat, steht dieser weiblichen Entscheidungsbefugnis das vehemente, bestimmende Auftreten eines Mannes gegenüber. Auch wenn es die Frau ist, die entscheidet, mit welchem Mann sie sich auf einen Geschlechtsverkehr einlässt, beinhaltet die menschliche Überlebensstrategie sozusagen eine Hintertür.

- *Wenn ein Mann sehr bestimmend seine männlichen Rechte geltend macht, sie mit Nachdruck einfordert, und um eine Frau wirbt, kann sie ihm auf Dauer nicht widerstehen!*

Daher sind erfolgreiche Männer oft von schönen jungen Frauen umgeben, da der Erfolg dieser Männer grundsätzlich kein Nein duldet. Auch nicht das Nein einer Frau.

Gleichermaßen scheinen die Frauen erfolgreiche Männern unwiderstehlich anziehend zu finden, weil sie aus dem Erfolg die Qualität der Gene ableiten. Für diese Überlegung spricht die Tatsache, dass Frauen immer wieder sinngemäße Äußerungen machen:

- *„Eigentlich wollte ich mich ja nicht in ihn verlieben!“*

Sie hat sich also eine Zeitlang, letztlich aber erfolglos gegen das Verlieben gewehrt. Sie wurde trotz anfänglichen Widerstandes schwach und hat sich dem Mann hingegeben.

Wenn sie diese soeben geschilderten Zusammenhänge beziehungsweise gegenseitigen Abhängigkeiten von Frau und Mann ihren Kindern erklären wollen, dann versuchen sie es mit Blumen und Bienen.

***D**ie Blumen haben keinen Einfluss darauf wie viele Bienen geflogen kommen um an ihrem Nektar zu naschen. Sie haben nur die Möglichkeit sich zu öffnen oder zu verschließen, den Bienen etwas zu geben oder nicht!*
Damit überhaupt Bienen zu ihnen kommen, haben die Blumen ihre bunten Farben und ihren für Bienen betörenden Duft.

Gibt die Blume den Bienen keinen Nektar, werden die Bienen trotz des betörenden Duftes eines Tages nicht wieder kommen.
Erhalten die Bienen aber ausreichend Nektar, werden sie zu Stammgästen bei den Blumen.

Rivalinnen

Um das sowieso schon vorhandene Begehren des Mannes noch zu steigern, kommt seit einiger Zeit als Ersatz für den Blumenschmuck der Höhlenbewohnerinnen, die kosmetisch unterstützte Umgestaltung der modernen Frau dazu.
Diese geschickten Manipulationen verstärken noch den puppenhaften Eindruck der Frauen, welcher dann bei den Männern den Beschützerinstinkt verstärkt und damit eine Art Betörung hervorruft.

- *Betörung ist bei Männern gleichzusetzen mit dem Abschalten des denkenden Teils ihres Gehirns!*

Über den dann sofort anspringenden neuen Denkvorgang beim Mann werde ich etwas später noch genauer berichten.
Neben den, an die Männer adressierten permanenten Betörungsversuchen wird diese weibliche Selbstmanipulation in Form von Schminke ganz bewusst auch als Waffe gegen Rivalinnen eingesetzt.
Schließlich geht es darum sich von den anderen entsprechend auffallend abzuheben, den bestmöglichsten Mann auf sich aufmerksam zu machen, ihn zu betören und ihn dann als sein Eigentum (mein Mann) entsprechend manipulieren zu können.
Eine Freundschaft zwischen alleinstehenden Frauen scheint also nichts anderes zu sein als ein unausgesprochenes Abkommen gemeinsam nach geeigneten

Männern zu suchen und sich nicht zu konkurrenzieren.

- *Wer nur durch Suchen entdeckt werden kann, tut alles um auch gefunden zu werden!*

Diese, meist paarweise auftretenden Pseudofreundinnen unterscheiden sich sehr häufig durch ihr völlig unterschiedliches Aussehen. Sie wollen damit erreichen, dass dadurch eine möglichst breite Männerschicht auf sie aufmerksam wird. Letztlich wollen sie ja nur aus einer möglichst großen Zahl von Bewerbern den ihnen am geeignetsten erscheinenden Kandidaten aussuchen.
Das scheint aus meiner Sicht derjenige zu sein, welcher sich neben den Qualifikationen, Villa mit Schwimmbad und Porsche, von der jeweiligen Frau am für sie beeindruckendsten betören lässt.

- *Männer in diesem benebelten, betörten Zustand führen sich so auf, dass die Frau durchaus davon ableiten kann, so begehrenswert zu sein, dass dieser Zustand für immer anhält!*

Böse Zungen behaupten nämlich, dass Männer in diesem Zustand nur mit ihrem ***„ständigen Begleiter“*** denken und wenn ich ehrlich bin, so unrecht scheinen sie nicht zu haben. Ganz im Gegenteil, wir Männer denken beim Anblick fast jeder Frau nur an das Eine, allerdings nur bis zu einem gewissen Punkt.

Über dieses etwas sonderbar anmutende Denkverhalten der Männer werde ich ebenfalls etwas später noch ausführlicher berichten.
Geht man von den soeben angestellten Überlegungen aus, dass Frauen in Sachen Männer Rivalinnen sind würde ich, wäre ich eine alleinstehende Frau, bezweifeln, eine echte Freundin zu haben.

Trotzdem scheint es aber
echte Frauenfreundschaften zu geben
die über jede Rivalität erhaben zu sein scheinen.

Der Wettbewerb

Im krassen Gegensatz zu den Werbestrategien der Frauen scheinen ihre emotionale Friedfertigkeit, ihr Harmoniebedürfnis und ihre Anpassungsfähigkeit zu stehen. Auch diese Eigenschaften dürften ein Teil ihrer Überlebensstrategie sein.
Ich denke hier vor allem an die vielen und langen Wintertage und Nächte, die sie mit ihren Rivalinnen in den Höhlen verbringen mussten, während ihre Männer auf der Jagd waren.

- *Während Frauen sich in Friedfertigkeit übten, überlebten die Männer nur durch ihre Aggressivität!*

Der Umgang der Menschen heute lässt sich mit ein bisschen Fantasie jederzeit in die Steinzeit übertragen. Ob Frauen mit Frauen, Männer mit Männern oder Frauen mit Männern zusammen sind, es besteht und bestand immer eine gewisse Wettbewerbssituation.

Frauen untereinander, trotzdem sie in Sachen Männer Rivalinnen sind, haben meist ein sehr ausgeprägtes Harmoniebedürfnis, wenn die Rangreihenfolge (die Hackordnung) geregelt ist. Es wäre auch für sie und ihre Kinder nicht gut gewesen, hätten sie sich in ihren Höhlen andauernd gestritten und geprügelt. Vor allem aber hätte es der Beziehung zu ihren Männern nicht genützt, sondern nur erheblich geschadet. Oder was glauben Sie, wie ein Mann reagieren hätte müssen, wenn seine Frau andauernd von anderen Frauen verspottet oder sogar verprügelt worden wäre. Sie gegen die Angriffe der anderen Frauen zu schützen hätte zwangsweise einen Konflikt mit den Männern dieser Frauen heraufbeschworen. Streit und Auseinandersetzungen hätten ein gemeinsames Leben in einer Höhle unmöglich gemacht und damit den Fortbestand der Sippe gefährdet.

- *Frauen untereinander scheinen bemüht zu sein, sich in die jeweilige Gruppe einzuordnen und sich möglichst nicht von den anderen Geschlechtsgenossinnen zu unterscheiden!*

Das Hervortreten, das Abheben einer Frau aus einer Höhlengemeinschaft hätte unter Umständen alle Männer dieser Gemeinschaft auf dumme Gedanken gebracht. Sie hätten vielleicht damals schon mit **„ihrem ständigen Begleiter“** zu denken angefangen. Damit hätte sich diese Frau den Zorn aller Höhlenbewohnerinnen zugezogen mit allen daraus resultierenden Konsequenzen.
Solche Situationen können heute wie damals entstehen, wenn ein besonders interessanter Mann die Bildfläche betritt, mehrere Frauen auf ihn abfahren und sich nicht beherrschen können. Dann entstehen Rivalinnenkämpfe, die jede Männerfeindschaft zum Kinderspiel macht.

Der Umgang der Männer miteinander scheint bei genauerer Betrachtung wesentlich komplizierter zu sein als der Umgang der Frauen miteinander.
Männer als Jäger waren darauf angewiesen, in der Gruppe zu jagen und einem Anführer zu folgen um überhaupt erfolgreich zu sein. Auch heute, im Berufsleben, sind die meisten Männer auf die Zusammenarbeit in einer Gruppe und einen Chef angewiesen, um ihre beruflichen Aufgaben zu erfüllen.

- *Der Unterschied zu den Frauen besteht darin, dass ein Mann sich aus jeder Gruppe als Anführer hervorheben muss!*

Dabei spielt es keine Rolle, ob dies als Jagdanführer einer Höhlengemeinschaft, als Häuptling eines Indianerstammes oder als Chef im heutigen Berufsleben geschieht.
Früher war dieser Konkurrenzkampf notwendig um Beute zu machen, denn nur der beste Führer gewährleistete auch den notwendigen Jagderfolg.

- *Heute gewährleisten die besten Führer als Manager den Erfolg eines Unternehmens.*

Männer haben eine ausgeprägte Fähigkeit mit aller Energie in einer scheinbar homogenen Gruppe ein gemeinsames Ziel anzustreben und gleichzeitig gegeneinander um die Vorherrschaft zu konkurrenzieren.

Auch an dieser Führerschaft innerhalb einer Männergruppe scheint sich seit der Steinzeit nichts geändert zu haben. Wir Männer brauchen immer noch jemanden, der uns sagt wo es langgeht und sind gleichzeitig bestrebt das Sagen zu bekommen.
Dieses im Manne verankerte Konkurrenzdenken um die Vorherrschaft in einer Gruppe wird vom Auswahlkriterium der Frauen noch angefeuert.

- *Der erfolgreichste Mann bekommt allen Anschein nach auch die beste Frau!*

Nur Alphamännchen dürfen bei manchen Primaten mit dem Alphaweibchen. Diese Männchen sind dann gleichzeitig auch der Anführer dieser Gruppe. Unser menschliches Verhalten ist nicht so weit von diesen Artgenossen entfernt.
Jeder Mann möchte gerne der Beste sein und jede Frau will allem Anschein nach den besten, erfolgreichsten Mann den sie bekommen kann. Wie Sie sehen ergänzen sich Frau und Mann prächtig!

Menschen sind so geschaffen, dass sie allem Anschein nach einen Führer brauchen. Männer brauchen heute den Führer eher als zielvorgebenden und überwachenden Koordinator beim Broterwerb. Frauen brauchen einen Führer als Begleiter durchs Leben.
Treffen Frauen und Männer zusammen um gemeinsam eine Aufgabe zu erfüllen, entsteht durch das

soeben beschriebene unterschiedliche Verhalten von Mann und Frau eine kuriose Situation.
Da wir Menschen fast immer davon ausgehen, dass der andere gleich wie wir selbst denkt, gleich wie wir selbst handelt und daher auch die gleichen Bedürfnisse hat, starten wir das berufliche Zusammenarbeiten und unsere Karriereplanung meist unter völlig falschen Voraussetzungen!

- *Der Mann, der gewohnt ist ständig im Konkurrenzkampf zu stehen, erwartet dies auch von seiner Arbeitskollegin und stellt sich darauf ein.*

Gleichzeitig empfindet er eine Reihe von Gefühlen, welche er vom Umgang mit Männern her nicht kennt. Ob sein Beschützerinstinkt erwacht, er die Frau begehrt oder in ihr eher ein Lustobjekt als eine Arbeitskollegin sieht, ist vollkommen von den Beteiligten und der jeweiligen Situation abhängig. Kaum ein Mann wird jedenfalls eine Kollegin vollkommen neutral sehen können.

- *Der Mann benimmt sich meist unnatürlich und verwirrt, wenn auf einmal eine (neue) Frau im Team aufgenommen wird!*

Die neue Kollegin an seiner Seite will ihre Aufgaben erledigen, sich aber in keiner Weise besonders hervortun. Sie hat nicht die Absicht mit ihrem Kollegen in einen Konkurrenzkampf zu treten, besser

dazustehen als er und versteht daher sein Verhalten nicht.
Gleichzeitig nimmt sie seine männlichen Gefühle war und kommt möglicherweise selbst in einen gefühlsmäßig verwirrten Zustand, da sie nicht weiß, wie sie sich verhalten soll.
Einerseits weiß sie instinktiv, das sie für die Erfüllung ihrer ureigensten Aufgabe vom Mann abhängig ist und will oder kann sich daher mit ihm nicht anlegen. Andererseits hat sie vielleicht kein Interesse an seiner Person und möchte nicht andauernd von ihm belästigt werden.

Ich meine daher,
dass es in der beruflichen Zusammenarbeit von
Mann und Frau immer ein Spannungsfeld gibt,
welches an Intensität zunimmt,
je attraktiver und begehrenswerter die Frau ist!

Die Abhängigkeit der Frau

Mit der Zeugung des ersten Kindes geriet bereits Eva in eine Abhängigkeit von Adam. Der Grund dafür ist die relativ lange Zeit welche vergeht, bis ein Mensch selbstständig und von seiner Mutter einigermaßen unabhängig ist.
Diese Abhängigkeit der Frau vom Mann hat sich in den Jahrtausenden nicht verändert, denn meine Mutter hatte noch acht Geschwister und für meine Großmutter war es daher eine Lebensaufgabe sie zu erwachsenen Menschen zu machen.

- *Wir brauchen nicht allzu weit in unserer Vergangenheit zurückgehen um festzustellen, dass die meisten Frauen sehr viele Kinder hatten.*

Auf Grund dessen waren sie ein Leben lang damit beschäftigt diese großzuziehen und sich um den Haushalt und um den Mann zu kümmern.
Mit dem Wissen der Frauen um ihre, aus damaliger Sicht wahrscheinlich als richtig empfundenen Lebensaufgabe, war ihnen, wenn vielleicht auch nur unterbewusst klar, dass sie sich auf den zukünftigen Vater ihrer Kinder in jeder Hinsicht verlassen können mussten.
Er musste also nicht nur zuverlässig, arbeitswillig und gesund sein. Er musste vor allem sie als Frau begehrenswert finden. Nur wenn er sie wirklich begehrte und dadurch seine eigenen Bedürfnisse er-

füllt wurden, konnte sie einigermaßen sicher sein, dass er bei ihr bleiben würde.
Die Erhaltung der eigenen Art ist nicht nur die wichtigste und größte Aufgabe unseres Daseins, sondern auch die Aufgabe, welche mit den größten und stärksten Gefühlen verbunden ist. Schwangerschaft und Geburt vermitteln einer Frau wahrscheinlich Gefühle, von denen wir Männer keine Ahnung haben und die sich auch mit Worten nicht ausdrücken lassen.

- *Man könnte also sagen, dass die Frauen dazu auserwählt sind, für den Fortbestand der Menschheit zu sorgen und als Preis dafür in die scheinbare Abhängigkeit der Männer geraten sind!*

Diese Abhängigkeiten werden in unterschiedlichen Bereichen sichtbar, damit sie den Männern als deutliche Signale auch auffallen und sie entsprechend reagieren können. Diese Signale steuern die Emotionen der Männer und damit auch ihr Verhalten.
Deutliche sichtbare Signale für das Paarverhalten sind in der Natur überall erkennbar und für die jeweiligen Geschlechtspartner eine eindeutige Orientierungshilfe.
Ohne diese Signale gäbe es keine Paarungsrituale und kein Brunftverhalten in unserer Tierwelt. Es gibt bei uns Menschen, wie schon mehrfach erwähnt, keinen Grund wiso dies anders sein sollte.

Eine Abhängigkeit ist das Gesucht werden. Lange Zeit und auch heute noch können viele Frauen nicht die Initiative ergreifen, wenn ihnen ein Mann gefällt. Sie sind darauf angewiesen, dass sie von einem ihnen geeignet erscheinenden Mann gefunden und angesprochen werden.
Auch wenn sie letztlich das Entscheidungsrecht hatten mit wem sie sich einlassen, ist bei geringer Auswahl auf Grund mangelnder Nachfrage diese Entscheidungsmöglichkeit doch sehr eingeschränkt.

- *Während die Frau darauf warten muss, bis ein Mann kommt, der ihr zusagt, kann der Mann nur hoffen, dass sie dann ja sagt!*

Um mit möglichst hoher Wahrscheinlichkeit auch gefunden zu werden hat die Natur der Frau einige für uns Männer unübersehbare Signale mitgegeben. Ein Mann, ob er will oder nicht, wird sein Leben lang beim Anblick einer Frau automatisch von einer großen Anzahl eindeutiger Signalen bombardiert.
Den Männern daher vorzuwerfen, dass sie ständig nur **„DARAN“** denken erscheint aus meiner männlichen Sichtweise falsch und ungerecht zu sein. Ein Mann wird auch dann nicht vor diesen weiblichen Signalen geschützt, wenn er bereits eine Partnerin hat. Nur in der Phase der ersten Betörung, oder des Verliebtseins, wenn Sie es so ausdrücken wollen, sind die Signale der Auserwählten so stark, dass damit alle Signale der Rivalinnen unterdrückt werden.

Die scheinbare körperliche Schwäche und die meist kleinere Gestalt zwingen Frauen zu Männern aufzublicken. Dieses Aufblicken der Frau bewirkt zwangsweise, dass der Mann auf sie herunterblickt. Damit wird automatisch und völlig unbewusst der Beschützerinstinkt des Mannes geweckt.
Manchmal, so habe ich zu mindest den Eindruck, bewundern Frauen einen Mann nur wegen seiner körperlichen Überlegenheit.

- *Eine Blickrichtung löst automatisch auch eine Reihe von Emotionen aus!*

Ein Blick nach unten ist, auch wenn er nicht herablassend wirkt, mit Emotionen verbunden die das Darüberstehen verbunden mit der entsprechenden Dominanz vermittelt. Daher nehmen sich Frauen fast ausnahmslos größere Männer, denn ein Beschützer welcher zum Schützling aufblicken muss, wirkt eher hilflos oder unglaubwürdig.
Die Blickrichtung drückt also sehr deutlich unser Gefühl füreinander aus. Sie blickt zu ihm auf, will und muss beschützt werden und seine körperliche Größe ermöglicht ihm das auch!
Daraus entsteht gewollt oder ungewollt der Eindruck einer Minderwertigkeit beim ständig zu beschützenden weiblichen Wesen.

- *Ob die Männer den Frauen, oder die Frauen sich selbst ihre Minderwertigkeit eingeredet haben, oder es naturgewollt ist, weiß ich nicht!*

Im Gehirn der Frauen scheint auf jeden Fall von je her eingespeichert zu sein, dass sie den Männern nachfolgen müssen, und sich ihren Wünschen anzupassen haben.
Dies war in der Vergangenheit wahrscheinlich auch lebensnotwendig, sonst hätte die Menschheit nicht überlebt und wir wären wie die Neandertaler ausgestorben.
Ob dieses Denken und Empfinden heute noch notwendig ist kann durchaus angezweifelt werden. Ob wir diesen Teil unserer altbewährten Überlebensstrategie so einfach verändern oder ablegen können, ist aber auch anzuzweifeln.

- *Wenn sich zwei Menschen die Hand geben kann nur einer führen!*

Wer den anderen an der Hand nimmt, entscheidet auch wohin sie gehen. Da der Mann die Frau begehrt und nimmt, nimmt er sie auch meist an der Hand und führt sie durchs Leben. Frauen sind dem Anschein nach von der Natur oder von Gott, sowohl psychisch als auch physisch darauf abgestimmt worden.

Der Grund dafür dürfte ebenfalls bereits in der Zeit des Entstehens der Menschheit zu finden sein. Ob die Zunahme der Bevölkerung, Naturereignisse oder auch nur ein innerer Drang dafür verantwortlich sind, Menschen und ganze Völker waren immer wieder auf Wanderschaft.
Dabei ist anzunehmen, dass immer die Männer das neue Land, je nach Situation erforscht, gerodet und urbar gemacht, oder durch Kriege erobert haben. Die Frauen sind ihnen mit ihren Kindern nachgefolgt.
Daher spricht man auch heute noch vom Vaterland, vom Land der Väter und nicht vom Mutterland oder wie auch immer.

- *Männer mussten in Gebiete ziehen, die es ihnen ermöglichten ihre Familien zu ernähren. Frauen mussten ihren Ernährer folgen!*

Auch daran hat sich im Wesentlichen nicht viel verändert. Die Mehrheit der Frauen zieht auch heute noch dorthin mit, wo es ihren Mann beruflich hinverschlägt, falls er überhaupt flexibel genug dafür ist sich zu verändern.
Ich kenne jedenfalls genug Frauen, die auf ihre Kariere verzichtet haben um ihrem Mann zu folgen.

- *Die Bereitschaft einem Mann bedingungslos zu folgen, scheint auch mitausschlaggebend zu sein, warum eine Frau nicht mit einem Mann um die Vorherrschaft kämpfen kann!*

Eine Frau kann problemlos die erbittertste Rivalin einer Frau, aber nie die Rivalin eines Mannes werden. Sie haben zwar keine Hemmung, im Gegensatz zu Männern, jeden Menschen den sie hassen zu vernichten, kämpfen aber nie ernsthaft um die Führerschaft in einem Rudel und schon gar nicht um den ersten Platz in einer Beziehung.

- *Frauen sind nicht in der Lage in letzter Konsequenz mit einem Mann um eine Vorherrschaft zu kämpfen!*

In dieser Situation verlieren sie nicht, weil sie schwächer oder unfähiger sind, sondern weil sie sich kampflos geschlagen geben und auf jegliche Art von ernster Konfrontation verzichten.
Ihr Frau- sein lässt es nur schwer zu, um eine berufliche oder andere Position zu kämpfen, wenn Sie mit einem Mann in direkter Konkurrenz steht. Sie kann es auf jeden Fall nicht, wenn sie sich diesen Mann bereits hingegeben hat oder, dies zumindest gerne, wenn auch unbewusst möchte.

- *Frauen werden immer in der zweiten Reihe stehen, sie stehen ja auch hinter ihren Männern wie man zu sagen pflegt!*

Die Antworten auf die Frage, was aus manchen Männern geworden wäre, hätten sie keine Frau hinter sich stehen gehabt, würden ein ganzes Buch füllen.

Mit großer Überzeugung möchte ich behaupten, dass an der Karriere und am Erfolg so manchen Mannes seine Partnerin mit ausschlaggebend beteiligt war. Sie hat ihn motiviert, herausgefordert und intuitiv angeleitet. Er für sich alleine hätte nie diese Kariere gemacht, da es dafür keine Notwendigkeit gibt.

- *Es scheint bei genauerer Betrachtung auf jeden Fall nicht unbedingt ein Nachteil zu sein, in der zweiten Reihe zu stehen und von dort aus, wenn auch heimlich und indirekt, das Geschehen zu dirigieren!*

Man könnte einerseits die Behauptung aufstellen, dass Frauen so raffiniert sind, Männer für sich schuften zu lassen. Man könnte weiter darüber nachdenken, ob Männer ohne Frauen überhaupt gewillt wären Höchstleistungen zu erbringen. Frauen also Motivation und Motor für derartige Leistungen sind.

Man könnte es aber auch so sehen,
dass Männer das Orchester
und Frauen die Dirigenten des Lebens sind!

Eine andere Variante wäre noch zu behaupten,
dass die Männer der Körper
und die Frauen die Seele unseres Daseins sind!

Der knackige Jüngling

Die Muskelkraft der Männer signalisierte den Höhlenbewohnerinnen die Fähigkeit des Mannes bei der Jagd erfolgreich, und damit in der Lage zu sein, für ihr Überleben und das ihrer Kinder sorgen zu können.

- *Das restliche Aussehen von Männern schien damals wie heute für die Frauen nicht so wichtig zu sein!*

Es war nur notwendig, ein starker Mann zu sein und damit der Frau das Gefühl von Sicherheit zu vermitteln. Mit Muskeln konnte jeder Mann den Eindruck erwecken eine Frau ausreichend beschützen und für die notwendige Nahrung sorgen zu können.
An diesem Gedanken hat sich bis heute nicht viel verändert, da in der Regel von den Frauen meistens immer noch muskulöse, knackige, junge Männer bevorzugt werden.

- *Bei den Frauen hat es sich allem Anschein nach noch immer nicht herumgesprochen, dass heute nur mehr das Geld das Überleben gewährleistet und ein anständiger Männerbauch und eine Glatze kein Hindernis darstellen, genug Geld zu haben!*

In ihrem Bestreben die besten Gene zu bekommen achtet Frau aber immer noch auf die Muskeln des

Mannes und erwartet dann auch noch, dass seine Brieftasche so prall gefüllt ist wie sein Anzug durch seine Männlichkeit.

- *Der junge, knackige Mann ist daher gezwungen möglichst viel Geld aufzutreiben, denn nur so hat er eine wirkliche Chance bei den besten Frauen!*

Die meisten jungen Männer sind deswegen voller Eifer den ganzen Tag damit beschäftigt Geld zu verdienen und in der verbleibenden spärlichen Freizeit ihren Körper fit zu halten. Daher haben sie meist fast keine Zeit für den Grund ihres Eifers, nämlich den schönen Frauen.
Diese fühlen sich dadurch vernachlässigt und es kommt gelegentlich zu Streitereien die mit dem Vorwurf beginnen:

- *„Liebling du arbeitest zu viel!“*

Dass die Frau mit dieser Aussage in Wirklichkeit meint ihr Liebling kümmert sich zu wenig um sie, sei nur am Rande vermerkt.
Die daraus mit ziemlicher Sicherheit resultierenden Streitereien kann der Mann auf jeden Fall verhindern, wenn er der Frau regelmäßig ihre zwei größten Wünsche erfüllt.
Frauen wollten es mit großer Bestimmtheit und das auch noch möglichst regelmäßig, nämlich beschenkt werden. Ein Geschenk von einem Mann zu bekommen bedeutet für die Frau allem Anschein nach un-

endlich viel. Möglicherweise ist die Zeit in der Höhle dafür verantwortlich. Denn der Mann hatte jedes Mal, oder zumindest fast jedes Mal, wenn er von der Jagd nach Hause kann, ein Geschenk in Form einer essbaren Beute mitgebracht. Die Frauen haben sich in dieser Zeit wahrscheinlich so daran gewöhnt, dass sie meinen, es müsse heute auch noch so sein, auch wenn sie sich in der Zwischenzeit eigentlich alles selber kaufen können.
Neben den regelmäßigen Geschenken haben Frauen noch einen weiteren großen Wunsch.

- *Der auserwählte Mann ihres Herzens sollte möglichst viel Zeit für sie haben!*

Spätestens hier kann der reifere Herr mit Bauch seine Chance wahrnehmen wenn er über genügend Barschaft verfügt. Hat nämlich der knackige Jüngling vor lauter Geldverdienen keine Zeit Geschenke einzukaufen und seine Herzallerliebste beim Shopping zu begleiten, ist er trotz perfekten Körpers eines Tages weg vom Fenster, und das reifere Semester kann zum Zug kommen.
Hier sind wir wieder bei den für uns Männer unbegreiflichen und unverständlichen, bereits einmal schon besprochenen Auswahlkriterien der Frauen angekommen.

Eigentlich wissen wir Männer unser ganzes Leben lang nicht, warum wir das „**GLÜCK**“ hatten eine Frau zu bekommen!

Die Abhängigkeit des Mannes

Durch das Gefühl des Begehrens scheint es in Wirklichkeit so zu sein, dass die Männer völlig abhängig von ihren Frauen sind. Ich habe schon in unzähligen Gesprächen gehört, dass sich Männer gegenseitig mit sinngemäßen Bemerkungen aufgezogen haben wie:

„Hat dich deine Alte wieder nicht gelassen, weil du so sauer dreinschaust?"

Diese Männer gestehen sich selbst, wenn vielleicht auch nur ungewollt oder unbewusst ein, dass sie nur dürfen, wenn ihre Partnerin es will. Geschickte Frauen steuern so ihre Beziehung zu ihrem Partner. Mit ihm zu schlafen und sich dann wieder kurzzeitig scheinbar zu verweigern macht sie auch auf lange Sicht hin begehrenswert, weil der Mann nie weiß wie er bei seiner Partnerin wirklich dran ist und wann er wieder darf. Dadurch ist er mit seiner eigenen Bedürfniserfüllung immer im Rückstand und hechelt seiner Partnerin wie ein kleiner Hund hinterher.

- *Wer etwas zulassen kann, entscheidet auch wer darf, und wenn er überhaupt darf, wie oft er darf!*

Gleichzeitig wird im Mann der Eindruck aufrechterhalten, jedes Mal, wenn er durfte, seine Partnerin

auch erobert zu haben. Gerade dieses scheinbare ständige neue Erobern steigert das Begehren des Mannes nach seiner Partnerin und macht die Sache noch interessanter.
Das bedeutet umgekehrt aber, dass Frauen die von sich aus zu sehr die Nähe zu ihrem Partner suchen, diesen längerfristig gesehen eher damit abschrecken und vertreiben. Wenn sie, anstatt sich scheinbar zu verweigern, ihrem Partner ständig mitteilt wie oft und gerne sie Sex haben möchte, wird sie ihn damit eher verschrecken als ermutigen.

- *Liebling, wir haben ein ganzes Wochenende Zeit im Bett zu bleiben!*

Diese Aussage von einer Frau getätigt, vor allem dann, wenn die Beziehung schon etwas länger andauert, nimmt fast jedem Mann die Lust am Sex. Er fühlt sich dadurch meist nicht nur überfordert, sondern ihm wurde auch die Freude an der Eroberung der Frau geraubt.
Das Gleiche gilt für Frauen die zu offensichtlich auf der Suche nach einem Partner sind. Eine Frau die mir zu deutlich zeigt, dass sie mich will, erweckt in mir den Stolz, ihr zu beweisen, dass ich widerstehen kann und sie mich nicht bekommt. Als Mann möchte ich eine Frau wenigstens ein bisschen erobern, auf jeden Fall aber nicht am Präsentierteller geschenkt bekommen.
Männer, welche auf solche weiblichen Anbiederungen anders reagieren und jedes Mal zuschlagen, scheint meines Erachtens jeder Stolz zu fehlen.

- *Ein Mann, zum Jäger geboren, ist ständig auf der Suche nach einem geeigneten weiblichen Wesen!*

In ihm läuft beim Anblick einer Frau auch immer das gleiche, geistige Ritual ab. Es muss in kürzester Zeit festgestellt werden ob die Frau grundsätzlich in Betracht kommt oder nicht, bevor sie wieder aus dem Blickfeld verschwindet.

- *Das wichtigste Auswahlkriterium des Mannes ist die Idealvorstellung, die er von einer Frau hat!*

In wenigen Augenblicken wird geprüft, wie weit sich Ideal und Wirklichkeit gleichen. Ist eine einigermaßen große Übereinstimmung festzustellen, werden anschließend sofort die eigenen Chancen überprüft ob ein Annäherungsversuch erfolgreich sein könnte oder zum Scheitern verurteilt ist.
Der Mann kann aus dem Verhalten, insbesonders aus den Blicken der Frau, ableiten wie sie auf seinen Annäherungsversuch reagieren wird. Zumindest glauben die meisten Männer, dass es so ist.
Wenn nach dem Erkennen einer perfekten Deckungsgleichheit zwischen Traumfrau und der Realität auch noch aufmunternde Blicke festzustellen sind wird der Mann sofort von einer für ihn unüberschaubaren Flut von Gefühlen überflutet. Neben der Vorfreude und der Begierde ist sofort auch die Angst da, nicht gut genug zu sein.

- *In Bruchteilen von Sekunden wird der Mann zum größten Zweifler seiner eigenen Fähigkeiten!*

Die Angst eine Abfuhr und damit keine zweite Chance mehr zu bekommen lässt ihn oft so lange mit dem Annäherungsversuch warten, bis die Traumfrau verschwunden ist.
Ist die Deckungsgleichheit nicht ganz so hoch, aber noch einigermaßen akzeptabel, wird geprüft, ob **„man“** trotzdem Lust hätte mit der Frau ins Bett zu gehen. In diesem Fall ist die Angelegenheit nicht so wichtig wie bei der Traumfrau, daher verspürt der Mann auch keine oder nur eine geringere Angst bei seinem Annäherungsversuch.
Da die zweite Variante die wahrscheinlichere ist, sind Männer also ständig am Taxieren ob sie möchten oder nicht und meistens möchten sie auch.

- *Wir Männer können uns so schnell vorstellen, mit einer Frau etwas zu haben, dass uns die Frau in dieser Zeit noch gar nicht wahrgenommen hat!*

Da dem Mann die Erfahrung aber gezeigt hat,
dass Frauen
„völlig unverständlicherweise“
nicht immer, zumindest nicht mit ihm möchte,
bleiben die meisten Vorstellungen nur Wunschträume!

Die Autonomie des Mannes

Autonomie ist zu übersetzen mit Willensfreiheit oder mit Selbstgesetzlichkeit. Diese vor allem bei jungen Männern sehr stark auftretende emotionale Eigenschaft ist genau das Gegenteil der weiblichen Empfindung der Unterwerfung. Wie könnte sonst die eine Hälfte der Menschheit zum Lenker der anderen hälfte werden, wenn sie diese Willensfreiheit nicht hätte?

- *Wenn beide Geschlechter darauf warten, an der Hand genommen und durchs Leben geführt zu werden, werden sie für immer an derselben Stelle stehen bleiben und warten!*

Die Natur- oder gottgewollte Autonomie verleihen dem Mann das Selbstbewusstsein, für seine Partnerin der Führer durchs Leben zu sein.
Gefühle zuzulassen, Schwachstellen einzugestehen passen daher auch nicht ins Rollenbild des Mannes. Derartige Dinge bringen zwar jede verliebte Frau zur Verzweiflung, sind aber auch der Garant für Zielstrebigkeit, Willensstärke und Durchsetzungsvermögen, was der Frau letztlich die Sicherheit gibt einen Partner gefunden zu haben, der für sie sorgen kann.

- *Erst durch diese Selbstgesetzlichkeit wird es zum Privileg des Mannes ein Mammut zu jagen und dabei beinahe vom Bären gefressen zu werden.*

Erst die Willensfreiheit ermöglichte es dem Mann die Entscheidung zu treffen sein Leben bewusst in Gefahr zu bringen. Sie verleiht ihm gleichzeitig auch die Kraft und Energie, die notwendig ist, um die Sache durchzuziehen.
Mit dem genauen Gegenteil, nämlich der fehlenden Autonomie, versucht die Natur die Frau vor derartigen Dingen zu schützen, weil sie für die Arterhaltung notwendiger ist als der Mann. Ihr Verlust durch Tod bei der Mammutjagd, im Krieg oder anderen männlichen Selbstvernichtungsspielen ist für die Arterhaltung weitaus dramatischer.

- *Es ist daher keine Sonderbehandlung und auch keine Abwertung, statt auf die Jagd zu gehen die Windeln zu wechseln!*

Unsere Vorfahren wären sicherlich nicht auf den Gedanken gekommen die Rollen tauschen zu wollen. In der Höhlenzeit hätten die Frauen und die Männer zu solchen Ideen noch bestimmt sehr verwundert den Kopf darüber geschüttelt.

- *Der Wunsch nach Gleichberechtigung mancher, meist schon das gebärfähige Alter hinter sich habender Frauen, steht daher im krassen Widerspruch zu unseren ureigensten Gefühlen!*

Es scheint nicht so sehr darauf anzukommen, ob wir die Aufgabe des anderen Geschlechtes annehmen wollen, sondern ob wir emotional dazu überhaupt in der Lage sind. Schließlich sind beide Geschlechter das emotionale Gegenteil voneinander. Nur mit gutem Willen und ein bisschen Anstrengung dürfte es meines Erachtens nicht möglich sein, unsere emotionalen Empfindungen abzulegen.

- *Auch wenn der Verstand uns sagt, dass unser Handeln richtig ist, wir die Rollen tauschen und halbe- halbe machen sollen, unsere Emotionen erwarten eine andere Handlungsweise von uns!*

Versuchen Sie sich ganz einfach nur die Angst vor Spinnen, Mäuse vorm Zahnarzt oder etwas anderem auszureden. Ihr Verstand wird es nicht schaffen, ihre Emotion Angst zu überzeugen. Wieso sollten wir dann mit unserem Verstand unsere für Männer und für Frauen so typischen Emotionen überlisten können?
Wenn Sie darüber nachdenken berücksichtigen Sie bitte auch, dass sich im Alter das Autonomieverhalten bei vielen Menschen verschiebt.

- *Das Autonomieverhalten der Geschlechter ändert sich mit zunehmendem Alter.*

Die Tatsache die Jagdtätigkeit immer öfter den jüngeren überlassen und immer weniger für die heranwachsenden Kinder sorgen zu müssen senkt die

Verantwortung für die Familie und damit das Autonomiebedürfnis des Mannes beträchtlich. Dazu kommt verstärkend noch die eigene Lebenserfahrung, welche jeden noch so selbstgerechten Mann ruhiger werden lässt.
Dieser, meist dadurch langsam immer größer werdende Freiraum wird von den Frauen genutzt ihre eigene Autonomie auszuweiten.

- *Das Autonomieverhalten von Mann und Frau bewegt sich wie eine Schere auseinander!*

In diesem Alter angekommen beginnen manche Frauen dann nach Emanzipation und Gleichberechtigung zu rufen. Mit dem Erwachsenwerden ihrer Kinder ist die Abhängigkeit vom Mann geringer geworden und der in der Jugend willkommene Schutz wird auf einmal als Unterdrückung und Benachteiligung dargestellt.

- *Während der Mann immer einsichtiger und nachgiebiger wird, beginnt die Frau Rechte geltend zu machen, wie sie es in ihrer Jugend einem Mann gegenüber nie gewagt hätte!*

Vielleicht ist es auch eine ausgleichende Gerechtigkeit, dass zumindest die meisten Frauen in der zweiten Hälfte ihres Lebens die autonomeren in einer Beziehung sind. Sie auf einmal ihren Mann an der

Hand nehmen, und damit die Führung durchs restliche Leben übernehmen können.
Diese Frauen sollten meines Erachtens diesen Status aber nicht nutzen, junge Frauen zu verunsichern und aufzuhetzen, denn mehr können sie damit sowieso nicht erreichen. Wir sind noch nicht in der Lage unsere ureigensten Überlebensstrategien zu verändern. Und wenn wir es könnten, was würde dann aus uns Menschen werden?

- *Sehr dominante Männer gestatten allerdings auch im hohen Alter ihren Frauen nicht die Führung zu übernehmen!*

Diese Frauen blühen,
wie der Volksmund sagt,
erst dann auf, wenn der Mann gestorben ist.

Erziehung und Vorbildwirkung

Weibchen sind nicht nur durch ihre Gebärfähigkeit entscheidend für den Fortbestand der Art. Sie haben meist auch den größeren Einfluss auf das alltägliche Verhalten ihrer Art durch ihre Erziehung und ihre Vorbildwirkung.
Bei fast allen Tierarten, die in irgendeiner Weise eine erziehungsähnliche Kinderzeit durchlaufen, ist das Weibchen dafür verantwortlich. Sie bringt dem Nachwuchs alles bei, was notwendig ist um den Überlebenskampf zu gewinnen. Dies gilt auch für uns Menschen seit Anbeginn unseres Daseins.

- *Die Erziehung unserer Kinder war, zumindest in der Vergangenheit, immer die Sache der Frauen!*

Die angewandten Methoden und die Erziehungsinhalte sind daher auch immer in den Händen der Frauen gelegen, an ihre Töchter weitergegeben und so früher oder später ein Teil unserer Kultur geworden.

- *Diese, oft jahrhundertelang zum Teil nahezu unveränderte Erziehungskultur beinhaltet heute noch die wesentlichsten Verhaltensweisen von Frauen und Männern.*

Frauen bestimmen daher allem Anschein nach, was wir als erwachsene Menschen in unserem alltäglichen Handeln und Tun für richtig und was wir für falsch empfinden. Was gesellschaftlich und kulturell akzeptabel und tolerierbar ist und was nicht. Unsere Mütter haben uns der Norm entsprechend, ohne Rücksicht auf emotionale Schäden erzogen, da sie es nicht besser wussten und auch heute noch nicht besser wissen!

- *Wir lernen und sprechen seit Menschengedenken unsere Muttersprache und nicht die Vatersprache!*

Wenn die halbe Erziehung nach dem Willen mancher Frauen jetzt von den Vätern übernommen werden soll, werden unsere Kinder zukünftig wahrscheinlich entweder die MuVa- oder die VaMusprache lernen. Der einzige Vorteil den ich darinnen sehe, wäre der, dass die Söhne vielleicht etwas anders erzogen würden.
Frauen haben in der Erziehung ihrer Söhne, so scheint es mir zumindest, immer schon ihren Einfluss geltend gemacht, dass diese nach weiblichen Interessen erzogen wurden. Sie werden auch, trotz eventueller zukünftiger MuVasprache zu verhindern versuchen, dass dieser Einfluss abnimmt.

- *Frauen versuchen auf jegliche Art und Weise ihre Männer von sich abhängig zu machen und das beginnt bereits bei der Erziehung durch die Mütter!*

Männer sind in der Lage, alle technischen Errungenschaften zu beherrschen die es auf dieser Welt gibt mit einer einzigen Ausnahme, und das sind die Haushaltsgeräte.
Wären vom Durchschnittsmann Mikrowelle und Staubsauger noch einigermaßen in den Griff zu bekommen sind, stellen Waschmaschine und Bügeleisen schon ein gewaltiges Problem da.
Sich als Mann alleine von etwas anderem als von aufwärmbaren Fertiggerichten ernähren zu wollen, wird ebenfalls zu einer fast unüberwindbaren Herausforderung für viele Männer.

- *Wir Männer wurden in allem unterrichtet, nur nicht im Umgang mit Kochlöffel, Haushaltsmaschine und Puppen!*

Die Strategie die dahintersteckt, scheint bei oberflächlicher Betrachtung sehr einfach durchschaubar zu sein.
Der Sohn bleibt ein Leben lang seiner Mutter treu, auch wenn der Partner sie verlassen sollte. Damit hat sie immer noch einen männlichen Beschützer, welcher keinen Sex von ihr will im Haus, den sie aber gleich wie ihre Puppen in ihrer Kindheit, hegen, pflegen und erziehen kann.
Geht diese Strategie nicht auf, überlässt sie dieses ohne weibliche Unterstützung lebensunfähige männliche Wesen einer anderen Frau. Dann bleibt ihr zumindest die Genugtuung, einer Geschlechtsgenossin einen Gefallen getan zu haben. Diese Ver-

haltensweise findet man bevorzugt, aber nicht nur bei alleinerziehenden Müttern.

- *Die Einstellung unserer Erzieher, unter deren Kultureinfluss wir heute noch leben, geht davon aus, dass Frauen in die Küche und Männer in die Fabrik gehören!*

Wir haben daher auch gelernt, dass Buben nicht weinen dürfen, dafür aber sehr artig zu Mädchen sein müssen!
Es war uns auch auf Grund unserer Unbeholfenheit meist nicht gestattet, uns an den Spielen der Mädchen zu beteiligen. So erlebten wir eine vom anderen Geschlecht oft isolierte Kindheit. Dadurch war es uns auch nicht möglich den Umgang mit dem anderen Geschlecht zu lernen.
Auch viele Mädchen sind teilweise einer Erziehung unterzogen worden, welche heute eigenartig anmutet.

- *Viele Männer hatten vor nicht allzu langer Zeit noch einen Sonderstatus in der Familie und wurden als Ernährer dieser auch entsprechend bevorzugt behandelt.*

Hinter dieser Sonderbehandlung mag eine gewisse Angst und das Wissen stecken, dass es der Familie nicht gut geht, wenn es dem Ernährer nicht gut geht. Daher haben die Frauen durch ihre Vorbildwirkung ihren Töchtern beigebracht, dass der Vater und da-

mit auch der zukünftige Mann wertvoller und wichtiger ist, als sie selbst.
Derartige Einflüsse, auch wenn sie von einer begründeten Angst abgeleitet wurden, sind Teil einer Erziehung und daher auch weitgehenst veränderbar.

- *Nicht alle unsere Gefühle und Verhaltensmuster sind auf unsere Erziehung und unsere Kultur zurückzuführen!*

Viele der unterschiedlichen Eigenschaften von Mann und Frau sind genetisch bedingt, also Teil unserer Überlebensstrategie und daher nicht so schnell, wenn überhaupt veränderbar.
Männer haben es bis heute noch nicht gelernt mehrere Dinge gleichzeitig auszuführen, da ihnen eine Fähigkeit fehlt die nur Frauen besitzen.
Frauen können nämlich, ähnlich wie an einem Fernsehgerät, zwischen verschiedenen Tätigkeiten herumschalten um von der einen auf die andere Sekunde eine Sache zu vergessen und diese wenige Augenblicke oder erst Stunden später wieder zu aktivieren.
Diese Fähigkeit ermöglicht es den Frauen gleichzeitig die Wäsche zu bügeln, die Kinder zu beaufsichtigen und das Abendessen zu kochen. Arbeiten die Frauen bereits in ähnlicher Art und Weise in der Steinzeit in ihren Höhlen vollbracht haben.
Männer die hinter einem Beutetier her- oder vor einem Raubtier davonliefen brauchten oder konnten nicht zwei Dinge gleichzeitig tun. Dementsprechend anders funktioniert ihr Gehirn und dementsprechend

länger wird der Hausmann für die gleiche, soeben beschriebene Hausarbeit brauchen, da von ihm alles schön der Reihe nach abgearbeitet werden muss.

- *Der Satz seiner berufstätigen Partnerin, sich doch nicht so anzustellen und sich wenigstens ein bisschen Mühe zu geben klingt mir jetzt automatisch im Ohr!*

Wer von Natur aus etwas kann, dabei vielleicht gar nicht weiß, dass er in dieser Sache bevorzugt wurde, hat für den benachteiligten Partner selten Verständnis.
Derartige genetische und emotionale Unterschiede zwischen Mann und Frau gibt es viele. Sie zu ignorieren ändert nichts an der Tatsache, dass sie vorhanden sind. Mit ein bisschen mehr Mühegeben sind sie auch nicht überwindbar, sondern werden zur echten Belastung für den Betroffenen.
Es ist in der Zwischenzeit auch hinlänglich bekannt, dass Frauen ihr Gehirn sowohl beim Denken als auch beim Sprechen anders einsetzen als dies Männer tun.

Damit sind und bleiben Frauen den Männern zumindest auf dem Gebiet der Kommunikation Überlegen!

Müssen wir in einer Beziehung etwas aufgeben?

Einzig und alleine unsere Sichtweise ist ausschlaggebend dafür, ob wir meinen etwas aufgeben zu müssen oder nicht. Unsere Sichtweise bestimmt auch, ob wir in der Lage sind zu sehen, was wir für unseren scheinbaren oder tatsächlichen Verzicht bekommen.

- *Wenn Sie etwas aufgeben, ohne eine entsprechende Gegenleistung zu bekommen, fühlen Sie sich früher oder später benachteiligt mit allen damit verbundenen Konsequenzen!*

Eine Beziehung muss nicht mit Verzicht verbunden sein, wenn beide Partner die entsprechende Rücksicht auf einander nehmen und das notwendige Verständnis füreinander aufbringen!
Voraussetzung dafür ist, dass jeder zumindest versucht, ernsthaft zu verstehen, welche Bedürfnisse der andere hat, diese voll und ganz akzeptiert und nicht von seinen eigenen Bedürfnissen ausgeht.
Wir geben unserem Partner meist das, was wir selbst gerne hätten und vergessen dabei, dass er unser Gegenteil, unsere zweite (die Frauen sind dem Volksmund nach die bessere) Hälfte ist, und daher auch etwas anderes haben möchte als wir selbst!

- *Der erste Schritt ist herauszufinden, welche Bedürfnisse der Partner tatsächlich hat, und diese, und nicht egoistischerweise die eigenen zu befriedigen!*

Wenn Männer und Frauen anders denken, anders empfinden und naturgewollt auch andere Lebensaufgaben haben, müssen sie zwangsweise auch andere Bedürfnisse haben. Dabei handelt es sich insbesonders um die schon beschriebenen Bedürfnisse des Beschützens und Beschütztwerdens, der Hingabe und des Begehrens. Wir brauchen daher in unserem Tun und Denken nur das grundsätzliche Anders sein der beiden Geschlechter zu berücksichtigen.

- *Der zweite Schritt ist mit den eigenen Bedürfnissen umgehen zu lernen!*

Wenn eine Frau zum Beispiel aus ihrem Harmoniebedürfnis heraus eine Unstimmigkeit in der Beziehung in Ordnung bringen will, vielleicht noch die Schuld bei sich selbst sucht, dieses Gefühl auch noch sehr deutlich zum Ausdruck bringt, kann sie mit diesem Unterfangen einen Mann ganz schön in Bedrängnis bringen, da er mit derartigen Gefühlsregungen nur schwer umgehen kann.
Mit diesem Gefühlsausbruch vermittelt die Frau ihrem Partner sehr dramatisch den Eindruck, dass er nicht fähig ist, sie glücklich zu machen.
Treten derartige Situationen öfter auf, wird er sich ganz von ihr zurückziehen, weil ihn seine scheinbare Unfähigkeit zu sehr belastet und er nur im Rück-

zug einen Ausweg sieht. Durch die so entstehende Distanz hofft der Mann sich weitere unangenehme Situationen ersparen zu können.

- *Der dritte Schritt ist sich selbst einzugestehen, dass zwischen dem Traumpartner und der Wirklichkeit ein mehr oder weniger großer Unterschied besteht!*

Es wird durch unsere ständigen lebensbedingten Veränderungen notwendig sein, das Traumbild, welches wir von unserem Partner haben, regelmäßig einer Korrektur zu unterziehen.
Tatsache ist, dass es den perfekten Menschen nicht gibt und je länger, und je besser wir jemanden kennen, umso deutlicher treten auch seine Mängel und Schwächen zum Vorschein. Wenn wir unser Traumbild nicht anpassen, eine Deckungsgleichheit mit der Realität herstellen können, wächst die Enttäuschung über unseren Partner in dem Ausmaß, wie das Traumbild abzuweichen beginnt.

- *Der vierte Schritt ist daher die ständige Veränderung, der jeder Mensch ausgesetzt ist, zu akzeptieren, oder die Konsequenzen daraus zu ziehen!*

Menschen verändern sich ständig zwangsläufig schon durch das Älterwerden. Dazu kommt noch, dass wir uns unter Umständen auch geistig unterschiedlich rasch und in unterschiedlichen Richtungen entwickeln können, daher eines Tages völlig

andere Interessen haben und miteinander nichts mehr anzufangen wissen.
Berücksichtigen wir diesen unaufhaltsamen und unbeeinflussbaren Prozess nicht, rückt unser Partner immer mehr von unserem ursprünglichen Ideal ab. Die Enttäuschung über das, was wir dann zu Hause auf dem Sofa sitzen haben, wird immer größer.

- *Da es den idealen Mann nicht zu geben scheint, versuchen Frauen ihren Partner ständig zu erziehen und zu verändern!*

Wenn man Aussagen analysiert und Beziehungen beobachtet, entsteht der Eindruck, dass es überhaupt keinen Mann geben kann, der so ist, wie Frauen sich das so vorstellen!
Diese für Frauen unumstößliche Tatsache scheinen sie mit der festen Überzeugung zu akzeptieren, den eigenen Mann sowieso erziehen zu müssen oder zu können.
Ich habe noch nie gehört, dass Männer so viele Korrekturwünsche an ihre Partnerin gerichtet haben, wie diese umgekehrt von ihren Frauen gekommen sind.

- ***Verändern Sie nur das, was Sie verändern können, nämlich sich selbst!***

Ein Mensch verändert sich nur dann, wenn er es selbst will, und er davon überzeugt ist, dass er auch einen Nutzen daraus zieht. Wird er zu sehr gedrängt eine Veränderung herbeizuführen, beginnt er eine

Rolle zu spielen und sieht den einzigen Nutzen in der endlich wieder eingekehrten Ruhe in dieser Angelegenheit.
Ein Partner der zum Beispiel den anderen bedrängt, mit dem Trinken oder Rauchen aufzuhören, wird damit erreichen, dass der andere ihm, um des Friedens willen den Antialkoholiker, den Nichtraucher vorspielt und heimlich weitertrinkt oder raucht und dabei alles versuchen wird, nicht ertappt zu werden. Er wird sich zu diesem Zweck immer mehr Ausreden einfallen lassen sich von seinem Partner fern zu halten um in Ruhe trinken oder rauchen zu können. Dadurch entfernt er sich immer mehr und wird eines Tages vielleicht nicht mehr wiederkommen.

Er ging vor zehn Jahren
nur schnell Zigaretten kaufen
und ist noch immer nicht zurückgekommen!

Wenn Frauen Männer zu Frauen machen wollen

Dem Rollenverhalten von gestern, welches rückverfolgbar bis zur Zeit unseres Höhlendaseins ist, können wir nicht entgehen, denn es ist immer noch ein beachtlicher Teil unserer ureigensten Überlebensstrategie. Wir können nicht in wenigen Jahren das verändern, was wir uns in vielen tausend Jahren angeeignet haben. Da spielen unser Gehirn und unser Gefühl nicht mit.
Wir können uns nur selbst zwangsbeglücken indem wir in eine neue, für uns unnatürliche Rolle schlüpfen, wenn wir anders sein wollen, als wir von Geburt her sind. Wir können uns selbst und dem Partner etwas vorspielen, vorgaukeln, aber niemals unsere innere Einstellung, unsere Gefühle und unsere Urinstinkte damit verändern.

- *Eines der größten Bedürfnisse der Frauen in der Männererziehung scheint das Einbinden und Einbeziehen der Männer in die harmonische bunte Gefühlswelt der Frauen zu sein!*

Frauen so scheint es mir, hätten gerne, dass die Männer genau so sensibel, liebevoll, verständnisvoll und hingebungsvoll sind wie sie selbst. Sie erwarten von den Männern, dass sie ihre Gefühlswelt an die der Frauen angleichen und so eine gefühlsmäßige, emotionale Harmonie mit ihnen eingehen.

Das würde aber bedeuten, dass die Männer letztlich in der Gefühlswelt der Frauen leben müssten und dann keine Männer, sondern Frauen wären, zumindest gefühlsmäßig.

- *Dass Frauen eine Freude mit Männern haben die in ihrer weiblichen Gefühlswelt leben ist sehr unwahrscheinlich!*

Das Zusammenleben der beiden Geschlechter würde auf längere Sicht gesehen auch nicht funktionieren, da wesentliche gegensätzliche Emotionen verloren gehen. Selbst anlehnungsbedürftig zu sein und gleichzeitig die breite Schulter zum Anlehnen zur Verfügung zu stellen, ist nicht möglich.

Das zweite Veränderungsbedürfnis für welches Männer herhalten müssen entspringt aus dem in der jüngeren Vergangenheit entwickelten Bedürfnis der Frauen nach mehr Selbstständigkeit und Eigenverantwortlichkeit in ursprünglichen männlichen Wirkungsbereichen.
Sie beginnen nach einer Selbstverwirklichung zu suchen die in der Männerwelt zu finden ist und mit ihrer Weiblichkeit nicht allzu viel zu tun hat.

***A**nna war sieben Jahre alt und spielte mit ihrer Puppe. Dabei beobachtete sie ihren älteren Bruder der auf der Schaukel saß und verschiedene Turnübungen ausprobierte. Anna hatte auf einmal Lust*

selbst zu schaukeln und die soeben beobachteten Übungen zu probieren.
Mit ein wenig Betteln überzeugte sie ihren Bruder, der das Nachgeben erziehungsbedingt schon gewohnt war, die Schaukel für sie freizumachen.
Als der Bruder etwas widerwillig von der Schaukel stieg, drückte Anna ihm ihre Puppe in die Hand, um das schlechte Gewissen, welches sie auf einmal verspürte zu beruhigen.
Als sie nach anfänglichen Schwierigkeiten auf der Schaukel einen Blick auf ihren Bruder werfen wollte war dieser verschwunden. Ihre Puppe lag mit dem Gesicht nach unten im Gras.
Sie verstand dieses seltsame Verhalten ihres Bruders nicht, da es doch ihre Lieblingspuppe war.

Anna hatte mit ihrem Betteln dem Bruder sein Lieblingsspielzeug abspenstig gemacht und ihm als Ersatz ihr Lieblingsspielzeug gegeben. Aus der Sicht von Anna ein gerechter Tausch. Sie verstand nicht, dass ihr Bruder kein Interesse an ihrer Puppe fand.

- *Menschen die eine Veränderung herbeiführen, diese anstreben, sind auch entsprechend motiviert dazu!*

Während der Veränderungswillige seiner eigenen Motivation nachfolgt, wird der Vertriebene sehr häufig in seiner Willensfreiheit übergangen und zwangsbeglückt. Er gerät in eine Situation in die er nicht hinein wollte. Er hat daher auch kein Interesse

mit dieser Situation irgendetwas anzufangen, da er sich damit nicht identifizieren kann.
Wenn jemand einen festen, zu seinem Geschlecht passenden Platz im Leben eingenommen hat und diesen verliert, ist er mit großer Wahrscheinlichkeit zuerst einmal orientierungslos.
Er wird sich dann früher oder später einen neuen Platz suchen, aber mit ziemlicher Sicherheit nicht den Platz des Vertreibers einnehmen. Daher war auch *die Puppe von Anna* für ihren Bruder völlig uninteressant.

- *Da Männer Frauen begehren, sind sie bereit alles zu tun um ihnen auch zu gefallen!*

Frauen werden wie *Anna* auf irgendeine Art und Weise gegenüber Männern immer das erreichen was sie sich einmal vorgenommen haben. So erreichen sie auch im zunehmendem Maße, dass sie immer häufiger auf der *Schaukel* sitzen und wundern sich dann, dass ihre Männer nicht mit ihren *Puppen* spielen wollen.
Eine Frau, die ihren Mann von seinem Platz verdrängt, auch wenn sie es aus ihrer Sicht noch so liebevoll tut, kann nicht annehmen, dass er dann freudestrahlend und dankbar ihren Platz einnimmt.
Da Männer ihre Kinder nicht wie Puppen ins Gras legen können, schlüpfen sie zwangsweise in eine Rolle, welche sie sich nicht ausgesucht haben, weil sie nicht ihrer Lebensaufgabe entspricht.

- *Die neuen Pflichten werden zu einer Belastung, weil sie nicht dem Wesen des Mannes entsprechen!*

Ich möchte hier nicht zum Ausdruck bringen, dass Männer sich nicht um Kinder und Haushalt kümmern können und sollen.
Es ist nur eine Frage wie es geschieht, und wie weit beide Partner dabei ihre ursprüngliche Identität und ihre ureigensten Lebensaufgaben aufgeben müssen.
Die ganzen Probleme entstehen meines Erachtens dann, wenn der Mann dem Drängen seiner Frau nachgegeben hat, oder vor vollendete Tatschen gestellt wurde, ohne für sich selbst eine Motivation für diese Veränderung gefunden zu haben. Er also keinen Nutzen in dieser Veränderung für sich selbst sieht.

- *Es ist ein großer Unterschied ob ich motiviert bin die Schaukel zu verlassen, oder um des Friedens wegen nachgebe!*

Die Art und Weise, wie manche Frauen ihre Gleichberechtigung einfordern, ermöglicht es den Männern nicht, eine Motivation für sich selbst abzuleiten und diesem Begehren der Frauen freiwillig zuzustimmen.
Frauen setzen sich mit ihren Begehren häufig auch über ihre eigenen Bedürfnisse und Gefühle hinweg, weil sie sich so sehr in diesen Gedanken der Befreiung und der Selbstständigkeit verrannt haben, dass sie für keine anderen Gedanken mehr zugänglich

sind. Sie ignorieren aus dem selben Grund auch die Bedürfnisse und Gefühle der Männer in der Meinung absolut im Recht zu sein.

- *Dadurch bringen sie die Männer in die Situation, dass diese ihre naturgegebenen Gefühle für die Frauen nicht mehr ausleben können!*

Werden Männer zu derartigen Veränderungen gezwungen, beginnen sie eine Rolle zu spielen, die mit ihrem wahren Ich nichts mehr zu tun hat. Sie bleiben dann meist nur aus dem Grund bei ihrer Partnerin, weil sie sich trotzdem noch für ihr Glück verantwortlich fühlen.

In solch einer Lebenssituation beginnt sich im Mann
das Gefühl,
nicht mehr gebraucht zu werden, nutzlos zu sein,
zu entwickeln!

Ungerechtigkeiten

Der Vorteil des einen Geschlechtes scheint der Nachteil des anderen Geschlechtes und umgekehrt zu sein. Fühlt sich eines der beiden Geschlechter in irgendeiner Sache benachteiligt, derzeit sind es meistens die Frauen, welche solche Gefühle äußern, ist diese Sache für die Männer ein scheinbarer Vorteil.
Erreichen die Frauen durch ihre Aktivitäten, dass sich die Sache zu ihrem Vorteil verändert, wird sie automatisch zum scheinbaren Nachteil für die Männer. Dies ist ein unumstößliches Gesetz der gegensätzlichen Zweiseitigkeit.
Dazu kommt noch, dass alles andere besser, wertvoller, schöner, begehrenswerter ist, als das was wir selbst haben.

Eines Tages beklagte sich die Nacht beim Tag, dass sie ungerecht behandelt würde, da sie nie die Sonne zu Gesicht bekäme und am Anblick des Mondes auch keine Freude mehr hätte. Sie regte an, um diese Ungerechtigkeit aus der Welt zu schaffen mit dem Tag den Platz zu tauschen. Nachdem sie sehr lange auf den Tag eingeredet hatte, dieser dadurch schon ganz genervt war, willigte er mit einem unguten Gefühl ein.
Beim Platzwechsel aber blieben sie auf der halben Wegstrecke stecken, denn es war von Natur aus nicht vorgesehen, dass Tag und Nacht jemals den Platz tauschen sollten. Seitdem gibt es keinen Tag

und keine Nacht mehr, sondern nur eine gleichbleibend eintönige, sonnen- und mondlose Dämmerung.

Wenn Frauen und Männer glauben sie könnten einen Platzwechsel durchführen, könnte es ihnen genau so ergehen wie Tag und Nacht. Was allerdings dann dabei herauskommt, müssen Sie sich sehr geehrte(r) LeserIn schon selbst ausmalen.
Auf jedem Fall besteht kein Nachteil zwischen Tag und Nacht, da beide zwar unterschiedliche, aber sich sinnvoll ergänzende Aufgaben zu erfüllen haben. Das Gleiche gilt aus meiner Sicht auch für die Aufgaben von Mann und Frau.

Trotzdem gibt es im Zusammenleben der beiden Geschlechter eine Menge Ungerechtigkeiten welche aber sehr leicht zu identifizieren sind. Sie haben nämlich alle eines gemeinsam. Es fehlt ihnen allen die zweite, gegensätzliche Hälfte wie Tag und Nacht sie haben. Einige davon möchte ich hier aufzählen.

Ungerechtigkeit 1

Frauen sind gott- oder naturgewollt nicht zum Kriegführen geschaffen und haben meiner Ansicht nach beim Militär nichts zu suchen. Das hat nichts mit Gleichberechtigung und Emanzipation zu tun, sondern ist, wie schon beschrieben, ein Teil unserer ureigensten Überlebensstrategie.

Daher finde ich es auch absolut in Ordnung, dass es keine Wehrpflicht für die Frauen gibt.
Es ist mir aber völlig unverständlich, wieso man nicht spätestens bei der Einführung des Zivildienstes darauf gekommen ist, dass Männer in dieser Angelegenheit eindeutig benachteiligt werden.

- *Dass Frauen zusehen, vielleicht im Kaffeehaus sitzend, wie junge Männer ihren Zivildienst leisten ist nicht einzusehen und in keiner Art und Weise begründbar.*

Der zunehmende Bedarf in der Altenpflege dürfte, wenn nur der politische Wille vorhanden wäre, genügend Zivildienstplätze schaffen um alle Frauen unterzubringen.
Oder aber wir hören überhaupt mit dem Schwachsinn auf, der fordert, dass junge Männer eine bestimmte Zeit ihres Lebens dem Staat und einer scheinbaren Sicherheit opfern müssen. Vielleicht wäre es sinnvoller endlich zu akzeptieren, dass auch die Gene der anderen Völker ihre Qualitäten und damit ihre Existenzberechtigung haben!

Ungerechtigkeit 2

Wenn man berechtigterweise davon ausgeht, dass die Natur alle ihre Geschöpfe gleich behandelt, daher auch gleich belastet, gibt es keinen Grund anzunehmen, warum das Erziehen der Kinder und das Führen eines Haushaltes um so viel schwerer sein

sollte als ein Arbeitsleben lang Zementsäcke zu schleppen.
Die offensichtlich irgendwann aufgetauchte Ansicht, dass die übliche Arbeit der Frauen schwerer oder schwieriger ist, als die der Männer wird durch die Tatsache widerlegt, dass Frauen im Durchschnitt wesentlich länger leben als Männer.

- *Es gibt keinen Grund und keine Veranlassung, dass Frauen früher in Pension gehen dürfen als Männer!*

Wäre nämlich die von den Frauen geleistete Arbeit als Doppelbelastung so zeitaufwendig und anstrengend, hätten sie auch keine Zeit sich darüber zu beklagen.
Vor allen aber geht die Initiative für diese angebliche Doppelbelastung meist von den Frauen aus, denn sie selbst wollen sich ja auch im Berufsleben etablieren.
Mit der zunehmenden Forderung der Frauen nach halbe- halbe im Haushalt wird dieses Privileg immer mehr zu einer unbegründeten Männerbenachteiligung die ihresgleichen sucht.

Ungerechtigkeit 3

Eine Frau, die einen Mann nahm, der sie eines Tages trotz Kinder verließ, brachte diese Frau noch vor nicht allzu langer Zeit in ärgste Schwierigkeiten.

Irgendwann haben die Männer Gesetze beschlossen, welche den Mann dazu verurteilten für sein Familie finanziell aufzukommen, wenn er diese verlassen sollte. Vom Grundgedanken her ist diese Handlungsweise auch absolut in Ordnung, aber ein schlechtes Gewissen dürfte die Männer beim Beschließen dieses Gesetz allem Anschein nach gedrückt haben.
Dies kommt dadurch zum Ausdruck, dass die verlassene Familie oder auch nur die verlassene Frau nicht so viel Geld bekommt, wie sie zum Leben braucht, sondern einen aliquoten Anteil des Vermögens des Mannes, auch wenn sie keinen Beitrag dazu geleistet hat.

- *So kommt es, wenn das Geld vorhanden ist zu nahezu perversen Millionenzahlungen an Frauen.*

Aber was tut man nicht alles um sein schlechtes Gewissen zu beruhigen, denn schließlich fühlen sich die Männer immer noch verantwortlich für das Glück der Frauen.

- *Hinter diesen Ungerechtigkeiten steckt die größte Lobby der Welt!*

Die bestorganisierteste und größte Lobby der ganzen Welt sind die Frauen, denn hinter fast jedem Mann steht eine Frau. Jede einzelne von ihnen ist auch noch besser als jeder Fußballspieler der seinen Gegner decken soll.

- *Frauen stehen nämlich wirklich hinter ihren Männern und kontrollieren, was diese zu tun gedenken!*

Sie verhindern auch, dass er keine falschen Bälle zugespielt bekommt und lenken und kontrollieren weitgehend sein Tun und Lassen. Sie haben es geschafft und schaffen es immer wieder auf irgendeine Weise, den Mann von sich abhängig zu machen und ihm ihren Willen aufzuzwingen.

- *Ohne ihre angetrauten Frauen würden viele Männer vor dem vollen Kühlschrank verhungern.*

Und jetzt wissen sie verehrter Leser, warum wir Männer nur sehr schwer gegen diese soeben beschriebenen Ungerechtigkeiten vorgehen könnten. Wir alle, und vor allem unsere Politiker, haben eine Frau zu Hause welche ihnen sofort ihre Freundschaft aufkündigt, wenn sie es wagen würden ihr, oder ihren Geschlechtsgenossinnen einen dieser Vorteile streitig zu machen.

Männer müssten dann mit ungebügelten Hemden herumlaufen, aber nur so lange, bis sie verhungert sind.

Männer sind so süß

Ob Männer wirklich süß sind, kann ich nicht beurteilen, denn ich habe noch nie einen gekostet. Ich glaube auch nicht, dass Frauen es jemals getan haben und trotzdem habe ich diesen Satz sinngemäß schon sehr oft aus dem Mund einer meist jüngeren Frau gehört.

- *Ist er nicht süß!*
- *Er ist doch so süß!*

Auf die Frage warum manche Frauen Männer als süß bezeichnen, habe ich lange keine Antwort gefunden. Ich hätte natürlich einige Frauen befragen können, nur bezweifle ich, dass ich dann klüger gewesen wäre. Sie hätten mir ihre Wahrheit kaum gesagt, und wenn, hätte ich sie möglicherweise nicht verstanden.
Es kann also, bei längerer Überlegung nur damit zu tun haben, wie Frauen uns Männer mit ihren weiblichen Augen sehen. Dass wir nicht süß im Sinne von Zucker sind ist mit ziemlicher Sicherheit anzunehmen. Was aber bezeichnet man in unserem Sprachraum noch als süß?
Und so ist in mir der Verdacht aufgekommen, zumindest die junge, moderne Frau sieht den Mann als eine Art emotional eher tollpatschiges Spielzeug an, ohne den das Leben für sie keinen Spaß machen würde. Ein brummiges, manchmal unbeholfenes Bärchen das man halt braucht um..?

- ***Für was brauchen Frauen eigentlich Männer?***

Eines steht auf jeden Fall fest. Frauen haben ihre Lust entdeckt, sie wollen Sex (mit Orgasmus) und sie wollen auch eine Menge Spaß im Leben. Herkömmliche, von ihren Eltern noch für gut befundenen Verhaltensregeln scheinen sie nicht zu interessieren. Daher sieht heute auch das Leben der jungen Menschen etwas anders aus als noch vor einer Generation.

Ich saß vor kurzem in einem Kaffeehaus. Am Nebentisch saß eine Frau im besten Alter, welche sich immer wieder mit der Kellnerin lautstark unterhielt, wenn diese vorbeiging.
Als eine weitere Frau das Lokal betrat und sich mit einem offensichtlich mürrischen Gesichtsausdruck abseits hinsetzte, sagte meine Tischnachbarin zur Kellnerin für viele im Lokal unüberhörbar:

„Die Susi ist heute aber auch nicht gut drauf!“
„Anscheinend hat sie keinen Sex gehabt!“

Die Einstellung der Frauen zum Sex hat sich in kürzester Zeit rapid gewandelt. Sie warten heute in zunehmendem Maße nicht mehr bis ein Mann sie findet, sondern konfrontieren einen aus ihrer Sicht süßen Mann mit ihrem Bedürfnis nach Sex!

Ob diese Handlungsweise vom zunehmendem Bedürfnis nach der eigenen Lusterfüllung gesteuert wird, ein Zeichen des stark verbreiteten Singledaseins ist, oder die Männer immer weniger Interesse am weiblichen Geschlecht zeigen, weiß ich nicht.

- *Eine Zeitlang dürfte es den meisten Männern durchaus Spaß machen, von einer Frau aufgerissen zu werden!*

Aber auch dieses Geschehen hat eine zweite Seite. Das Bedürfnis des Mannes eine Frau aus einer Eigeninitiative heraus zu erobern wird nicht mehr befriedigt und sein Selbstvertrauen bekommt dadurch früher oder später einen Knacks.
Die Männer werden auf Grund dieses ständigen Angebotes auch keinen Anlass mehr haben einer Frau treu zu bleiben. Sie werden nicht immer wieder zu ihr zurückzukehren wie Adam es bei Eva noch getan hat.
Damit bleiben aber automatisch die meisten weiblichen Bedürfnisse unbefriedigt. Nach einem kurzen Sexabenteuer ist meist keine Zeit, sich an die Schulter des Partners zu lehnen, von ihm an der Hand genommen und ein Stück durchs Leben begleitet zu werden.
Eine weitere Veränderung könnte durch die Anhäufung von Angeboten eintreten.

- *Ein Jäger der tagelang warten muss, bis endlich ein Wild vor seine Flinte kommt, wird dann auch sofort abdrücken!*

Vor allem dann, wenn er nicht weiß, wann wieder etwas vorbeikommt.
Hat er aber ununterbrochen Jagdbares vor seiner Flinte, wird er nicht bei der erstbesten Gelegenheit losballern, sondern mit dem Abschuss auf etwas Besonderes warten.
Warum sollte ein Mann der von weiblichen Angeboten überhäuft wird nicht auch auf etwas Besseres warten, anstatt die erstbeste Möglichkeit zu nutzen.

- *Wenn ich aus Erfahrung weiß, dass ich immer genügend Angebote habe, werde ich immer wählerischer!*

Diese durchaus verständliche Denkweise trifft vor allem nicht so attraktive Frauen. Sie werden es immer schwerer haben, selbst zum Zug zu kommen. Sie wurden dann einfach von ihren eigenen Geschlechtsgenossinnen ausgebootet!

Ob ihnen dann noch etwas anderes übrigbleibt,
als Männer süß zu finden,
wird wahrscheinlich die Zukunft zeigen!

Sind Männer das nutzlose Geschlecht?

Männer sind und waren es, die vorwiegend unsere Welt zerstört haben und immer noch zerstören. Ihre persönliche Karrieregeilheit und der damit verbundene Drang der Beste zu sein lässt alle Vernunft in ihnen verstummen, welche ihnen sagen müsste, dass sie mit unserer Welt so nicht umgehen können wie sie es derzeit tun.

- *Kriege wurden und werden von Männern geführt. Männer sind es, die ausziehen um andere Völker zu vernichten, Frauen und Kinder um ihr Leben bringen und sich dann noch als Helden feiern zu lassen!*

Auf die Frage, warum Männer immer schon Kriege geführt haben, auch heute noch dazu bereit sind, kann es nur eine richtige Antwort geben. Auf die Frage warum Männer ohne mit der Wimper zu zucken unsere Umwelt vernichten gibt es die gleiche Antwort.

- ***Es geht einzig und alleine um die Befriedigung ihrer Bedürfnisse!***

Die Vernichtung anderer Volksgruppen durch Kriege geschieht nicht wegen der Heimaterde, sondern zum Schutz unserer eigenen, und zur Vernichtung fremder Gene.

So wie der Löwe die Nachkommen seines Rivalen tötet, wenn er ihn im Kampf besiegt und seine Weibchen übernommen hat, hört unser männlicher Beschützerinstinkt bei anderen Volksgruppen auf. Wir sehen in ihnen einen Mitbewerb unserer Gene und wollen unbewusst mit aller uns zur Verfügung stehenden Macht deren Verbreitung verhindern.

- *Kriege dienten früher auch dazu, den Lebensraum des eigenen Volkes zu vergrößern und damit die Ernährung sicherzustellen.*

Ein weiterer Grund für die Kriegsführung ist möglicherweise in der sozialen Anerkennung zu finden. Völlig unbedeutende Menschen werden auf einmal zu Helden. Dabei scheint es keine Rolle zu spielen ob sie ihr Heldentum überleben oder nicht.

- *Ein Held zu sein weckt die Illusion, eine bessere Frau zu bekommen!*

Wenn man sich mit Filmmaterial vergangener Kriege beschäftigt, ist bei den Frauen am Straßenrand nicht nur die Freude über die Heimkehr ihrer Männer, sondern auch ein hohes Maß an Stolz auf diese zu sehen. Jede Mutter und jede Ehefrau war stolz auf ihren Helden, auch wenn ihm die halben Gliedmaßen fehlten.
Dieses Wissen, ein Held zu sein, sich damit vielleicht von den anderen Männern abzuheben und dadurch bei den Frauen gut anzukommen scheint ein

wesentliches Merkmal männlicher Verhaltensweisen zu sein.

Die Rücksichtslosigkeit mit der die Industrialisierung vor allem von den Männern ohne Rücksicht auf unsere Umwelt und unsere natürlichen Rohstoffreserven vorangetrieben wird, hat auch mit dem Wettbewerb um Frauen zu tun.

- *Gutaussehende, junge, von den Eltern etwas verwöhnte (Traum)- Frau trifft knackigen Jüngling in alten Jeans mit Fahrrad als einzigen Besitz!*

Die Chancen des jungen Mannes, diese Frau zu bekommen, wären wesentlich größer, wenn anstelle *alt*, BOSS und anstelle *Fahrrad,* Ferrari als Besitz vorhanden wäre.
Es scheint also auch aus dieser Sichtweise heraus so zu sein, dass Männer nur mit, oder besser gesagt für ihren ***„ständigen Begleiter“*** denken. Da sie alle Handlungen vorwiegend nur setzen, um diesem alles dominierenden Begleiter das zu geben, was er permanent zu fordern scheint.

- *Diese Erkenntnis dürfte schon vor langer Zeit auch eine Kirche gehabt haben und hat daher ihren Angestellten die Benutzung ihres **„ständigen Begleiters“** verboten!*

Erst dadurch schien es den kirchlichen Vorgesetzten möglich, die Gedanken ihrer Mitarbeiter in die Richtung zu lenken, welche ihnen vorschwebte.
Dass diese Wunschvorstellung dann doch nicht so richtig aufging, kann eine Vielzahl von Haushälterinnen und deren Kinder bestätigen.
Weitere Beweise wieso sein ***„ständiger Begleiter“*** für den Mann so wichtig ist, möchte ich Ihnen ersparen, denn automatisch drängt sich die Frage auf, was ist dann das Wichtigste für die Frau?

- *Die Sicherheit, dass der Fortbestand und die Vermehrung der eigenen Gene gewährleistet sind, scheint mir die plausibelste Antwort darauf zu sein!*

Dieses unbewusste Bedürfnis äußert sich in Form einer Sammelleidenschaft nach Dingen, welche für die Lebenserhaltung notwendig scheinen. Für Frauen so meine ich, ist Besitztum wesentlich wichtiger als für Männer. Dem männlichen Geschlecht dagegen scheint das Jagen nach Besitz wichtiger als das Besitzen selbst zu sein.
Alle Bemühungen der Frau sind, wenn man sie näher betrachtet, nur auf die Arterhaltung ausgerichtet.

- ***Frauen sagen Liebe, und meinen Versorgtsein!***

- ***Männer sagen Liebe, und meinen Sex!***

Daher ist es den Frauen auch so wichtig, einen Partner an sich zu binden, der ihnen diese Sicherheit gibt.

- *Das Bedürfnis des Mannes immer für seinen „**ständigen Begleiter**“ dazusein unterstützt automatisch das Bedürfnis der Frau versorgt zu sein.*

Eine tief in die Menschen eingeprägte Erinnerung dürfte sein, dass der Mann immer wenn er in die Höhle kam etwas zu essen mitbrachte und dafür, sozusagen als Belohnung, Sex bekam. Und was, liebe Geschlechtsgenossen, sehr geehrte Herren, tun wir heut? Benehmen wir uns wirklich so viel anders?

- *Man könnte sagen, dass Frauen Männer missbrauchen, um ihr ureigenstes Bedürfnis nach Nachkommen erfüllen zu lassen!*

Um dies zu bewerkstelligen, verfügen Frauen über eine Reihe von für sie hervorragenden Fähigkeiten. Eine Fähigkeit, die Frauen im Laufe der Zeit entwickelt haben, hat mich besonders fasziniert als ich sie entdeckt habe.
Frauen besitzen nämlich die Fähigkeit, wenn sie einen Fehler gemacht haben, etwas falsch gelaufen ist, die Angelegenheit kurzfristig so zu verdrehen, dass der Mann sofort ein schlechtes Gewissen bekommt. Er glaubt dann allen Ernstes er alleine sei an dem Ereignis schuld und entschuldigt sich dann bei der Frau für den von ihr begangenen Fehler.

- *Diese Fähigkeit möchte ich als* ***„Manipulation in Perfektion,*** *" bezeichnen!*

Viele (manche) Männer glauben und behaupten allerdings meistens gerade das Gegenteil und werden kaum durch Argumente davon überzeugbar sein, dass dem nicht so ist.
Wir Männer sind, glauben Sie mir das bitte liebe Geschlechtsgenossen, auf jeden Fall nicht so stark, wie wir es vorgeben zu sein, was durchaus verständlich ist.

- *Wer einmal eine Schwäche eingesteht, muss dies immer wieder tun und wir alle wissen in der Zwischenzeit, dass nur starke Männer gefragt sind!*

Aber auch das scheint sich irgendwie zu ändern. In verschiedenen Berichten ist zu lesen, dass der Mann von heute oftmals mit Migräne, Magersucht und anderen typischen ***weiblichen*** Phänomenen auf seine Überforderung reagiert.
Automatisch stellt sich mir die Frage, ob hier ein neuer Mann im Entstehen ist, oder der alte nur mit den Änderungen, die unsere Frauen uns bescheren, nicht zurecht kommt?

- *Einem Mann seine ureigensten Instinkte zu berauben und ihn damit in ein emotionales Chaos zu stürzen, scheint mir ganz einfach zu sein.*

Die Partnerin braucht nur aufzuhören sich an die Spielregeln unserer altbewährten Überlebensstrategie zu halten.

Vielleicht konnte ich Sie überzeugen, dass sich seit unserer Entstehung allem Anschein nach nicht viel verändert hat, auch wenn manche Frauen sagen, dass diese Zeit eine Unterdrückung des weiblichen Geschlechtes war und sie sich endlich davon befreien müssten.

- *Sie haben sich aber in dieser Zeit von ihren Männern ungeniert ernähren und beschützen lassen!*

Auf die Frage ob Männer ein nutzloses Geschlecht sind oder nicht, werde ich keine endgültige Antwort geben. Dafür gestatten Sie mir noch eine Frage.

Könnte aus uns starken Männern
überhaupt ein nutzloses Geschlecht werden,
oder sind wir als geldbeschaffende,
durch Sex lustbringende
und gelegentlich als
kriegsführende Handlanger,
für unsere Frauen unentbehrlich
geworden?

Oder stimmt das alles überhaupt nicht? Entspringt dieses Buch nur der Fantasie eines einzelnen Mannes?

Ich für meinen Teil bin davon überzeugt, dass die Natur und damit unser menschliches Zusammenleben einer perfekten, ausgewogenen Ordnung unterliegt, welche zwar unterschiedliche, gegensätzliche Aufgaben verteilt, aber keine Ungerechtigkeiten zulässt!

Weiters bin ich davon überzeugt, dass jeder, der diese Ordnung missachtet, in ein Chaos stürzen wird!

Wenn Frauen das Gleiche tun und empfinden wie Männer, gleich wären wie Männer, dann wären Männer wahrscheinlich ein nutzloses Geschlecht!

Für die Gesundheit Ihres Geistes

Nur auf richtige Fragen bekommen Sie auch richtige Antworten!

Joggen Sie täglich? Führen Sie Ihre Dehnungs- und Gymnastikübungen auch regelmäßig durch? Halten Sie sich an die Empfehlungen Ihres Ernährungsberaters? Übergewicht ist für Sie natürlich schon lange ein Fremdwort.
Haben Sie nicht manchmal trotzdem das Gefühl, ausgebrannt zu sein, eine unsichtbare Last mit sich herumzuschleppen. Joggen Sie vielleicht nur, weil Sie Ihrem Alltag, Ihrem Stress davonlaufen möchten?
In unserem Körper steckt auch unser Geist und unsere Seele. Wenn zwischen Körper, Geist und Seele kein Einklang besteht, die Harmonie fehlt, sind alle sportlichen Bemühungen umsonst. Sie können sich die fehlende Harmonie durchaus eine Zeitlang mit sportlichen Aktivitäten vortäuschen. Eines Tages aber wird Sie die Realität einholen. Sie gehören dann zu den Menschen, die sehr erstaunt feststellen,

dass sie trotz sportlicher Aktivitäten und gesunder Ernährung krank geworden sind.
Dieses Buch soll Sie informieren und unterstützen, einen geistigen Hausputz zu machen. Sie werden erfahren, wie Sie mit Ärger und anderen unerwünschten Gefühlen umgehen können, ohne dass diese für Sie zur Belastung werden. Es wird weiters darüber berichtet, wie Sie den Weg zur geistigen Freiheit finden und Ihrem Leben einen Sinn geben.

Dieses Buch soll Sie dabei unterstützen, auf die eine oder andere Frage eine für Sie geeignete Antwort zu finden.

- ❖ Wer ist verantwortlich für den Verlauf meines Lebens?
- ❖ Wie gehe ich mit meinen negativen Gefühlen um?
- ❖ Gibt es überhaupt das Schicksal und den Zufall?
- ❖ Was bewirkt mein Glaube an einer Sache?
- ❖ Was bedeutet Freiheit für mich?
- ❖ Welchen Einfluss haben meine Erziehung und meine Mitwelt auf mein Leben?

Stellen Sie Fragen, wo immer es Ihnen auch sinnvoll erscheint!

ISBN 3-8311-2263-6 DM 28,35 / Euro 14,50
www.hribernig.de